U0726677

开明教育书系

蔡达峰◎主编

造就女界领袖

吴贻芳教育文选

吴贻芳◎著

吴贤友◎选编

开明出版社

"开明教育书系"丛书编委会

"开明教育书系"
总　序

　　中国民主促进会（以下简称民进）是以从事教育、文化、出版工作的高、中级知识分子为主的参政党。民进创立以后，在中国共产党的指引和帮助下，积极投身爱国民主运动，在这个过程中，发挥自身优势，举办难民补习培训，创办中学招收群众，参加妇女教育活动，在解放区开展扫盲教育，培养青年教师。

　　新中国成立以后，民进以推进国家教育事业发展为己任，贯彻党的教育方针，倡导呼吁尊师重教。

　　一方面，坚持不懈地为教育发展建言献策。从马叙伦先生在任教育部长时向毛泽东主席反映学生健康问题，得到了毛主席关于"健康第一"的重要批示，到建议设立教师节、建立健全《教师法》《职业技术教育法》《民办教育促进法》等法律法规、深化教育改革、促进学前教育发展、义务教育均等化、加强教师队伍建设、中小学教材建设、减轻学生课业负担等等，提出了一系列高质量的意见建议。

　　另一方面，坚持不懈地开展教育服务。改革开放以来，围绕"四化"建设的需要，持续举办了大量讲座和培训，帮助群众学习，为民工子女、下岗职工、贫困家庭子女、军地两用人才、贫困地区教师等提供教育服务，创办了文化补习学校、业余职业大学、专科学校、业余中学等大批学校，出现了当时全国第一所民办高中、规模最大的民办高校、成人教育学院、民办幼儿教育集团等；不断开展"尊师重教"的慰问、宣传和捐赠等活动，拍摄了电视片《托着太阳升起的人》；举办了一系列教育服务的研讨会和交流会。

在为教育事业长期服务的过程中，民进集聚了越来越多的教育界会员，现有的近 19 万会员中，约 60% 来自教育界，其中大部分是中小学教师。广大会员怀着崇高的使命感和责任感，爱岗敬业、默默奉献、积极作为，在教育事业和党派工作中取得了卓越的成就，涌现出无数感人的事迹，赢得了无数的赞誉，涌现出大量优秀教师、校长和著名教育家、专家学者、教育管理者等，他们共同写就了民进的光荣历史，铸就了民进的宝贵财富，是民进的自豪和骄傲。

系统地收集和整理民进会员的教育论著和教育贡献，是民进会史研究和教育的重要任务，对于民进发扬优良传统、加强自身建设、激励履职尽责具有积极的意义，对于我们深入学习多党合作历史、深入开展我国现当代教育历史研究，也具有重要的理论和现实意义。民进中央对此高度重视，组织编辑"开明教育书系"，朱永新副主席和民进中央研究室的同志们辛勤工作，邀请会内外专家学者共同参与，历时数年完成了编写工作。谨此，向各位作者和编辑同志，向开明出版社，向所有关心和支持本书编撰工作的同志，表示诚挚的感谢。

全国人大常委会副委员长

民进中央主席　　蔡达峰

2022 年 12 月

智慧女神吴贻芳

吴贤友

教育家小传

吴贻芳（1893—1985），江苏泰兴人，生于湖北武昌。中国第一届女大学生，第二位女大学校长。1919 年，大学毕业后担任北京女子高等师范学校教师。1922 年，赴美留学，获得美国密执安大学研究生院生物学博士学位。1928 年回国任母校金陵女子大学校长，直至 1951 年，执掌校政长达 23 年。提出"造就女界领袖，为社会之用；培养人才，从事于中国的各种工作"的办学宗旨。1945 年，出席联合国成立大会，成为第一位在《联合国宪章》上签字的女性。抗战胜利后，吴贻芳拒绝担任国民党参政会执行主席和国民政府教育部长职务。解放前夕，她毅然拒绝去台湾，在南京迎接解放。1949 年 9 月，作为特邀代表，吴贻芳参加了中国人民政治协商会议第一届全体会议。解放以后，吴贻芳先后担任过南京师范学院第二副院长、江苏省教育厅厅长、江苏省副省长等职务。1955 年 3 月，吴贻芳加入中国民主促进会，领导成立了民进江苏省筹备委员会，并担任筹备委员会主任委员。她连续三届被选为民进江苏省委员会主任委员。1979年起，当选为民进中央副主席。吴贻芳是一位没有著作的教育家，她关于教育的全部思想散见于各个时期的演讲、报告和友朋的记录、回忆中。

一、艰难而又绚烂的一生

民国时期，"男有蔡元培，女有吴贻芳"的说法在教育界广泛流传。如今，时光流转，几十年过去，蔡元培依旧被人时时提起，可说起吴贻芳，熟悉的人已经不多。其实吴贻芳和蔡元培一样，都是那个时代最伟大的教育家，为中华民族的教育振兴厥功至伟。作为文化界知名人士和有着盛誉的社会活动家，吴贻芳还积极参政议政，为中华民族的解放和社会进步做出了杰出贡献。

（一）负笈四方求学路

吴贻芳祖籍江苏泰兴县，1893年1月26日出生在湖北武昌，父亲吴守训为她取号"冬生"。曾祖父点过翰林，祖父是举人，父亲还不如先人，但毕竟也考了个秀才，后来又捐了官，做了当阳知县。母亲朱诗阁是大家闺秀，从小受过良好的家庭教育。在当地，吴家算得上是书香门第。

吴贻芳兄妹四人，从小接受传统教育，甚至还缠过脚。清朝末年，西风东渐，父亲比较开明。重要的是，姨父陈叔通曾负笈东洋，是个典型的新派人物，每次聚会都会给他们一家带来新潮思想和各种新事物。这大大激发了兄妹们对新学和外面世界的向往之情。1904年，吴贻芳和姐姐吴贻芬说服父亲，在姨父的帮助下，进入杭州弘道女子学校，开启了她们的新式求学之路。

　　弘道学校是维新人士所办，积极倡导女权，认为女子也要读书，也能立业报国。吴贻芳在这里受到爱国主义启蒙教育。姨父陈叔通认为年轻人应该学习英文，这样才能学习西方先进科技和文化。在叔父的指导下，姐妹俩同时考进上海启明女子学校，开始学习英语。1907年，她们又同时考进了当时名气最大的苏州景海女子学堂。正当吴贻芳在学习之路上昂首阔步扬帆前行之时，家庭的变故接踵而至：先是父亲因为贪墨案投江自尽，接着是哥哥经受不住学业无成和家境困顿的双重打击，选择跳进了滔滔的黄浦江中。吴贻芳的母亲因为丈夫和儿子的意外身亡一蹶不振，最终含恨离开了这个世界。姐姐吴贻芬也选择追随家人而去，自缢身亡。

　　一系列的家庭变故让吴贻芳近于崩溃。在姨父陈叔通的关心和帮助下，吴贻芳重拾起生活的希望，度过了生命中最艰难的时期。"凡不能毁灭我的，必使我强大"，这样的经历磨炼了吴贻芳的毅力和品格，让她此后遭遇任何困苦与艰难都能坦然面对，永不退缩。

　　1914年，陈叔通到北平工作，吴贻芳随迁北平，并在姨父的帮助下，谋得北京女子师范大学和附属小学的英文教职。这是她教育人生的开始。1915年末，吴贻芳意外收到了来自以前在杭州弘道女中读书时的老师诺玛丽女士的信，推荐她到金陵女子大学继续深造。获得姨父的同意后，1916年2月，吴贻芳作为特别生插班进入金陵女子大学。

　　在金陵女子大学期间，她勤奋好学，积极上进，凭借优秀的学业和杰出的组织才能，被推选为学生自治会会长。五四运动爆发后，她带领同学到街头游行示威，积极投身于伟大的爱国主义历史洪流中。1919年，她以优异的成绩毕业，获得学士学位，是金陵女子大学首届五位毕业生之一。她也是中国本土最早获得学士学位的女性。

　　毕业后，吴贻芳受聘于北京女子高等师范学校，成为一名英语教师，后来又兼任英文部主任，深受学生爱戴。1921 年冬，美国蒙特霍利克女子大学校长布莱克夫人访问学校，吴贻芳担任她的翻译。吴贻芳落落大方，语言流畅，其杰出的表现受到布莱克夫人的高度肯定。一年后，在布莱克夫人的推荐下，吴贻芳获得巴勃尔奖学金，远赴美国密执安大学生物学专业深造。在学校，吴贻芳不仅成绩出类拔萃，也极具号召力与影响力，她凭借自己的聪颖与勤奋，先后被推举为北美中国基督教学生会会长和留美中国学生会副会长。在校期间，她时刻关注国内形势，为祖国的命运呼号助力；面对诋毁中国的言行，愤然反击，捍卫祖国的尊严。1928 年，吴贻芳获得该校生物学博士学位，顺利毕业。

（二）立身杏坛育桃李

此前，北伐战争胜利，收回教育权的呼声风起云涌，吴贻芳收到母校的邀请，回国就任金陵女子大学校长职务。1928 年 11 月 3 日，这是中国教育史上一个值得纪念的日子，吴贻芳就职典礼在金女大举行。典礼盛况空前，与会的各界名流包括蒋介石的夫人宋美龄、教育部长蒋梦麟的代表孟寿椿、中央大学代表俞庆棠、中华基督教教育会代表赵运文以及中国其他 13 所教会大学的校长等。简短的就职演说，开启了吴贻芳执掌金女大 23 年的教育人生。

中国近代女子大学中，金陵女子大学是近代中国历时最久、影响力最大，也是培养女性人才最多的学校。执校 23 年的岁月中，吴贻芳历经学校立案注册、调整学校办学宗旨和课程设置，抗战时期内迁和战后复校种种艰难，在教学和管理上做出了一系列的探索，使学校在教育水平上与世界知名大学同步，培养出一大批优秀的妇女人才，在国内外享有广泛声誉。

1938 年，吴贻芳以文化界知名人士身份参与国民参政会任参政员，此后又当选为参政会主席团主席之一，主张民主与抗日。1943 年，她又作为著名的"六教授"之一赴美宣传抗日，争取美国政府和民众对我国抗日战争的支持。在此期间，她还积极参与大后方妇女活动，为团结各方面力量支援抗战做了不少工作。

1945年4月，吴贻芳以无党派代表的身份参加联合国制宪大会，成为唯一一位在《联合国宪章》上签字的女性。此后，吴贻芳还担任过中国基督教教育会会长、世界妇女界中国协会会长、中国教育科学文化委员会执行委员等职务。1946年，在国民党召开的国民大会上，吴贻芳辞去主席团成员的职务。在此前后，她还两度谢绝出任国民党教育部长的邀请。解放前夕，她毅然拒绝去台湾，在南京迎接解放。1949年9月，作为特邀代表，吴贻芳参加了中国人民政治协商会议第一届全体会议。

1952年，全国高校进行大规模的院系调整，南京地区设立综合性大学一所，即南京大学，以原金陵大学为校址。在原金陵女子大学的旧址上，组建南京师范学院，吴贻芳与陈鹤琴、高觉敷等人组成南京师范学院建校筹备委员会。是年12月5日，教育部任命陈鹤琴为院长，纵翰民为第一副院长，吴贻芳为第二副院长。

1953年1月2日，江苏省教育厅成立，吴贻芳被任命为厅长。1956年，吴贻芳被选为江苏省副省长，主管教育工作。履职期间，吴贻芳积极参与考察调研，先后通过会议和撰文的形式，对幼儿和学龄前教育、独生子女教育、中学教育结构改革、工读学校的建设和选派留学生等许多问题提出了很多合理的建议，为江苏省教育在全国的领先地位打下坚实的基础。

（三）借力民进谱新篇

1955年3月，吴贻芳改变了不参加任何民主党派的初衷，加入了中国民主促进会。这是一个以教育界和文化界为主体的民主组织，加入之后的吴贻芳可以和更多的教育界人士一起为教育服务。同年4月，成立了以吴贻芳为主任委员的民进南京市分会筹备委员会。为筹建南京市的民进组织，吴贻芳不辞辛劳、勤奋踏实，其细致缜密的工作作风深受同仁肯定，并于1956年8月，当选为中国民主促进会中央委员会常委。1957年，她又以极大的热情领导成立了民进江苏省筹备委员会，并担任筹备委员会主任委员。在此前后，她先后赴苏州、无锡、扬州、南通等省辖市，多方联络和组织，建立了基层民进组织。1962年1月，民进江苏省第一次代表大会召开，吴贻芳被选举为民进江苏省第一届委员会主任委员，之后，又连续被选举为民进江苏省第二、第三届委员会主任委员。吴贻芳对江苏民进的壮大和发展，厥功至伟。1979年，她当选为民进中央副主席。1981年8月，江苏省民进组织全体会员参观太平天国纪念馆，游览瞻园。这是恢复组织后，第一次由全体会员参加的大型活动。年近九旬的吴贻芳，不辞辛劳，亲临盛会，与会员们亲切地合影留念。1984年1月，吴贻芳出席民进中央第七届全国代表大会，再次当选为民进中央副主席。

作为民进杰出的老一辈领导人，吴贻芳以自己崇高的人生追求和高尚的人格魅力影响着几代江苏民进会员。她爱祖国、爱人民、爱教育，她最关心儿童、妇女和教师。她对老师们说："爱祖国不是一句空话，爱祖国就要热爱你们从事的事业，热爱你们教育的对象——青少年。因为他们是祖国的未来，祖国的希望，只有下一代健康成长，国家才能日渐昌盛。"她呼吁全社会重视幼儿教育，特别要重视独生子女教育。

1985年第一个教师节，身患重病的吴贻芳坐着轮椅，坚持参加民进江苏省委会暨南京市委会在北极会堂召开的庆祝大会。会议还特意安排播放她的录音讲话。吴贻芳深情款款地对与会嘉宾说："近年来，我因年老体弱，住院疗养，难得和大家见面，借此机会，向一切关怀我的领导和同志们问好，并表示由衷的感谢！"她不顾自己的身体安危，一直坚持到会议结束。这是吴贻芳漫长人生中最后一次参加活动，也是她最后一次和她热爱的教师会员在一起。

（四）最浓莫过桑榆情

早在 1945 年，吴贻芳以无党派教育家的身份出席联合国制宪大会，并作为中国代表上台演讲，她不卑不亢的气度折服了与会的各国领导人，被罗斯福总统誉为"东方智慧女神"。1979 年，吴贻芳再次踏进美利坚辽阔的土地，接受母校美国密歇根大学校友会为她颁发"和平与智慧女神奖"，这份荣誉充分肯定了她在教育领域所作的杰出贡献。

耄耋之年的吴贻芳虽饱经风雨，银发如霜，但依旧穿着得体，举止优雅。她手持那枚银质奖章，用一口流利精准的英文说道："这不仅是美国人民给予我个人的荣誉，也是给予我的祖国、我国人民，特别是我们中国妇女的荣誉。"时任校长史密斯十分欣赏她，称她"是一位杰出的教育家和进步的女政治家"。

借助这次接受奖章的机会，吴贻芳先后走过八个城市，参与了许多社交活动，增进了两国的相互了解，加强了中美文化交流，加深了两国人民的友谊，并为此后的中美建交做出了重要贡献。

1981 年，吴贻芳以 88 岁高龄再度当选为江苏省副省长。1983 年 9 月，在中国妇女第五次全国代表大会上，吴贻芳被选为全国妇联副主席。

金陵女子大学厚生毓芳，形成了自己独特的教育思想和大学文化。这些思想和文化深深扎根在随园校区，历久弥新，源远流长。改革开放以后，恢复并成立金陵女子学院的呼声不绝于耳，这也是吴贻芳生前的遗愿。1985 年 11 月 10 日，一生为中国教育尽心竭力的吴贻芳走过她艰难而又绚烂的一生，静静地离开了这个世界。根据她的遗嘱，她的骨灰被撒入浩浩长江。

为了传承金陵女子大学的教育思想和大学文化，在海内外校友和吴贻芳老校长的推动下，南京师范大学在 1987 年 3 月 19 日向江苏省人民政府提出了"复校"申请，并于 1987 年 3 月 21 日获批在原金女大的旧址即南京师范大学随园校区内成立金陵女子学院。

二、没有著作的教育家

　　阅读研究吴贻芳有一定难度，因为她"素来不做文章"，没有系统独到的理论著述，她关于教育的全部思想散见于各个时期的演讲、报告和友朋的记录、回忆中。1987 年，吴贻芳去世，江苏教育出版社编纂出版了《吴贻芳纪念集》，收集了她在解放后的演讲稿、专门文章和给门生故旧的书信。其中一篇《金女大四十年》是在金女大校友朱绮的协助整理下编写的，总结了金女大 40 年的办学历程和特色，是研究吴贻芳最重要的史料。此外，没有收录在这本纪念册里的重要文章还有《就任金陵女子大学校长致辞》（1928 年）、《基督教教育之特殊贡献》（1930 年）、《现代中国的女性领袖》（1935 年）、《抗战中的中国女性》（1940 年）等，此次编选文集予以补充。

　　阅读这些文字，我们从中可以发现，金陵女子大学是中国近代教育史上一个独特的存在，不可复制。吴贻芳一生未婚，世人都戏说她把自己嫁给了金女大。她执掌金女大 23 年，培养了中国第一代知识女性。她们是"为社会所需、为社会所用、受过高等教育、有较高的道德品质、有扎实的专业训练、有多项发展潜质的知识女性"。这对女性的独立和地位提升起着无可估量的作用。

　　曾负责金女大注册工作的鲍富年留下的一份毕业生统计表显示：从1919 年到 1951 年，金女大共有本科毕业生 887 人，另有专科毕业生113 人，共 1 000 人。这些人中，吴贻芳执校期间毕业生近 900 人，有金女大"999朵玫瑰"的美誉。吴贻芳在《金女大四十年》中说："金女大毕业生虽然不算多，但在女大学毕业生还不多的情况下，她们在我国妇女界高级知识分子中占有一定的比重，其中相当一部分在我国的教育工作、科技工作及其他领域有一定的贡献。"

1947年金女大校友会对毕业生进行统计：本科毕业的732名学生中，继续深造的191人，获得博士学位的38人，硕士学位的73人，获得护士学位的12人，这在那个特定的时代，其成材率之高，简直就是一个奇迹。所有这些成绩的取得，都与作为学校管理者的吴贻芳及其杰出的治校理念是分不开的。

（一）以服务社会为宗旨，培养学生的健全人格

女性的解放从独立开始，女性的独立从教育开始。吴贻芳在金女大23年的校长生涯中，面对的困难不仅是战争和灾荒，还有整个社会对女子教育的偏见和压制。几千年的封建社会里，女性一直都是作为男人的附属品而存在的，少有独立人格和基本权利。20世纪初，中国出现了最早的女子学堂，但其办学宗旨是培养贤妻良母。就是梁启超这样的开明人士，他想到的也就是让女性"上可相夫，下可教子，近可宜家，远可善种"。

近代女子真正开始接受学校教育是从教会办的女塾开始的。随着女塾数量和入学人数的增加，一批教会女子中学陆续出现。到后来也便有了女子高等教育的需求，那是因为早在19世纪末，在华的传教士在总结传教经验时认识到，无论在哪个国家和社会，凡是受过高等教育的人，都是极具影响的人。这样的人如同一支支点燃的蜡烛，其他人会跟着他的光走。金女大也就是在这样的背景下顺势而生——为了适应基督教会女子中学毕业生继续深造的需要，在华的教会组织选择在南京组建一所女子联合学院，这就是后来的金陵女子大学。

1915 年，金女大正式创办时，明确提出的办学宗旨是："为着教育的延伸，学校必须提供领袖训练，教育基督教妇女，以装备他们为基督服务，并发展妇女高等教育。"除掉基督教的宗教理念，这其中"提供领袖训练"的办学思想与传统的教育理念有着天壤之别——女子教育不仅是为了女子能够获得独立和自由，与男性并驾齐驱；也是为了通过训练，女子可以成为业界领袖，反哺女子高等教育。

　　1919 年，学校办学理念又有进步，选定"厚生"作为校训。"厚生"源于《圣经·约翰福音》，"我来不是要人服侍我，而是要用自己的智慧服务人的"，就是告诫学生，人生的目的，不光是自己活着，而是要用自己的智慧和能力服务他人，造福社会。1928 年，吴贻芳出任金女大校长的时候，淡化了学校宗教教育目的，进一步明确学校的办学目标，她在就职致辞中说："金女大开办的目的是光复后时事的需要，造就女界领袖为社会之用。现在办学就是培养人才，从事于中国的各种工作……学校于国学、科学同时并重，既培养了中国学者的思想，又能得到科学家的方法，然后到社会上去，才能适应各种新需要，运用自己所学贡献给各种工作。"服务别人，贡献社会的前提是自己要有足够的能力，这就要培养学生们的自尊自爱精神，实现自我完善。吴贻芳在日常教学活动中，关心学生的身心健康，发展学生的兴趣爱好，引进美国先进的办学模式和教育理念，促进学生的能力提升。

　　针对金陵女子大学仅招女生的实际情况，吴贻芳积极提倡女子人格教育，尤其重视妇女独立思想的培养。她教育学生不能附属于男性，女性不仅在经济上要独立，还要有自己独立的性格、人格，有自己的事业。为培养这样的独立精神，在金女大，凡事都必须自己做，她们自爱、自尊、自立、自强。

　　在 20 世纪 20 年代，男女同校已被政府和社会接受，合校成为社会趋势。抗战结束后，中国基督教高教委员会建议将金陵女子大学与金陵大学合并，遭到师生们的强烈抗议，她们认为这会削弱女子学校所具有的优势。因为在女子大学，女教师能自行策划活动，自主管理校务，这既能增长女生的实践经验，也有助于培养女性的领袖品格。而男女合校以后，男生人数总比女生多，教育资源方面也是男性多于女性，很难为女生提供平等的机会。尽管男女合校也希望增添女教职员，但很少有妇女符合在大学任教的学历。因此，最理想的做法是集中这些女教师在一所大学里以发挥其特长和影响力。为此，吴贻芳态度明确，坚决反对合并，在《战后金女大的发展》建议书中，吴贻芳写道：必须保持金女大作为一所独立自主的机构；课程方面可以合作，减少仪器使用和聘用支援的支出；两校之间兴建新的教学楼或提供巴士服务，方便学生上课。最终金女大保持了独立。

吴贻芳对女子人格教育的理解与践行，是一种建立在男女平等基础上的教育，把女人当"人"，和男人一样接受教育，是中国女子由"非人"教育向真正人的教育的根本转变。从吴贻芳执掌金女大之后的论述、演讲以及对学生的要求与训练中可以看出，她的"健全人格教育"，体系完整，切实可行。重要的是她以身作则，做学生的示范，也因此，吴贻芳在金女大实施的人格教育收到了很好的成效。

（二）德智体美全面发展，保证学生的身心健康

吴贻芳给人的印象永远是冰清玉洁、风采照人的，很少有人想到，吴贻芳是在封建社会里裹过小脚的女人。或许正是这个原因，她对学生的身心健康无比在意。在她的心中，无论是为了自身的幸福还是为了更好地服务社会，身心健康和专业知识一样，必不可少。

金女大的医疗保障条件在那个时代首屈一指。每年秋季开学时学校都要进行严格的健康检查。新生检查体格后建立健康档案，由学校保存，定期复查。检查后，对有轻度骨骼问题如平足的学生，还要通过体

操来纠正。学校还为体质孱弱的学生专门增加营养改善伙食，为经济困难的学生提供补助。

学校里有住校专职护士一人，校医每周来学校一次，治疗一般病痛，如果发现重病就及时送往医院治疗。金女大毕业生严彩韵姐妹捐赠的医务室除掉普通病房外，还有短期隔离病房。这就是在今天，很多学校还无法做到。学校还特别重视膳食管理。学生的饭菜有必需的营养，在冬季注意保温，不让学生吃冷饭冷菜。学校里的餐具清洁卫生，开水供应充分。

没有健康的体魄就不可能有长远的发展，金女大的很多校友对母校一直充满感激，她们认为是母校让自己拥有了坚强的体魄，即使到了晚年，她们仍然腰板挺直，充满活力。金女大对体育教育极为重视，而且把注意力重点放在普遍提高学生体质这一点上。体育是全体学生必修的课程，不及格者不能毕业。一、二年级每周四节体育课，三、四年级每周两节体育课。上课的纪律很严，每个学生必须按教师的要求去做。体育课除球类、田径等课程外，还有集体舞、徒手操、健身操等选修课程。当时的中国大学都提倡体育，但吴贻芳在金女大的校园里创造性地融进了美育的内涵，使之更适合女性的特点。体育课上，教师不仅教学生体育技术，还去纠正女大学生的各种不正确、不优雅的姿势和动作。

金女大课余生活丰富多彩，经常有篮球、排球、舞蹈比赛等。每年冬季来临前要举行一次全校运动会，每年春季要举行一次室内外体育表演。中西合璧的建筑里，时常飘荡着琴声与歌声，金女大校园中总是弥漫着一种艺术气氛。"五月花会"是金女大的年度盛会：空旷的操场中间，竖起一根以绸缎缠绕的竹竿——"May Pole"，女孩子们围着竹竿翩翩起舞。花会结束以后，学校选出其中最具活力和自信的"五月皇后"。这样的严格教导之下，金女大的毕业生大多举止优雅、气质不凡，在当时就受到用人单位的青睐。后来，她们中的一些人，即使在"文革"中被折磨近十年，依然从容不迫，仪态万方。

反观我们今天的有些学校，智育至上，有意无意地忽视德育、体育和美育，培养出来的学生，有的身体羸弱、高分低能，有的唯利是图，品德败坏，等等。吴贻芳促进学生德、智、体、美全面发展的教育思想对当今学校的素质教育具有重要启示。

三、积极倡导英语学习，开拓学生的国际视野

金女大十分重视学生的外语水平。作为一所教会学校，学校的很多教师都来自国外，这为学生们学习英语提供了先天条件。对于金女大来说，重视英文教学还有更深层次的意义，即学生一旦能够熟练掌握英文，就能与男子一样获得出国留学深造的机会，从而受到更高层次的教育。也因此学校规定，一、二年级必修英语，二年级读完后举行一次英语概括考试，以测验学生对英语的理解和运用能力。测试之后才允许升入三年级，主修和辅修英语者免试英语。如果测验不及格，必须在三年级补读一年英语，再参加概括考试，如果仍然不及格，就须自动退学。

在教师指导下，以前许多英语基础较差的学生水平提高很快。金女大还严格按照英美大学办学标准，不仅课本全部选用英美大学的原版教科书，课堂教学基本上也是用英语授课。学校不仅要求学生用英文来记笔记、写报告或答考题，日常的听、说、读、写也基本是英语。此外，学校每学期还举行英语演讲会、辩论会，演英语剧，学生每学期必须读若干英语原版小说名著，英语系还会举行用英语讨论的文学座谈会。也因此，金女大的毕业生，不论是哪个专业，都具有一定的英语水平。

《金陵女子大学校刊十周年纪念特刊》中记载，1919—1925 年的毕业生共有 68 人，其中赴美国深造，攻读硕士、博士、医学博士学位者达 13 人。这些英文水平高的学生，凭借自己的刻苦努力，不仅提升了

自己的学术修养，也为母校赢得了崇高的声誉。吴贻芳自己的英语非常优秀，从金女大毕业以后，她受聘于北京女子高等师范学校担任英文教师，后为英文部主任，深受学生喜欢。在学校的外事活动中，她经常担任翻译工作，也因此有机会接触到蒙特霍利克大学的校长布莱克夫人，这为她此后到密执安大学深造做了铺垫。很多金女大的学生日后在海外留学，语言基本不是障碍。在战争年代，有的学生凭借在金女大练就的英语能力，做了翻译、编辑和英语教师，度过人生的困难时期。改革开放初期，金女大的毕业生对我国英语教学的改善和普及同样做出了很大贡献。

以英文作为主要教学用语的情况在当时备受争议，甚至也遭到本校一些学生的反对，但学校坚持认为，对于学生特别是理工科的学生来说，英文资料的价值比译本高，且更准确，所以学生必须精通英文，如此才能更好地从英文文献中汲取有益的知识。

当然，作为一所教会大学，有浓厚的西方宗教色彩在所难免，但学校并不因此贬低中国的传统文化，首任校长德本康夫人就曾说过："金陵女大坚持从不贬低中国文化，这是我们所拥有的宝贵财富。""我们发现强调中文学习是有难度的，但我们的理念始终是坚持高标准的中文学习，以保留中国文化价值观。"为此，1915年金陵女大刚成立时就规定：文、理两科学生毕业前都必须修完20个学分的国文课程、15个学分的英文课程和十个学分的宗教课程。从学校中西合璧的建筑风格上，也可以看出她们为坚持中国传统文化所做出的诸多努力。

金女大还为中国和西方之间架起一座文化交流的桥梁，让东西方文化在这里相互碰撞交融。办学者高瞻远瞩，为培养女界领袖奠基，她们的视野开阔，标准高，起点高，力求接近学术前沿。初创时期的金女大规模很小，当时的教职员只有六人，其中美国籍者四人，中国籍者两人。1915年第一次招的学生也只有11人，但办学者确立的办学标准却很高，她们竭力把这所学校办得符合大学的要求，严格按照欧美大学的标准办学。吴贻芳担任校长之后，还极为注重对外学术交流，不断邀请国内外知名学者、政要到学校作报告，内容包含国际国内形势、学术前沿知识以及社会热点话题。这对金女大的学生有极好的教育作用，引导学生关注时事和社会，获取新知，培养思维能力和创新能力。

四、课程聚焦女生特点，强调理论与实践结合

金女大初创时期由于教职人员的局限，只有文、理两科，学生的选择余地很小。1925 年之后，学校开始实行主修和辅修制度，即学生在一年级修完规定的课程后，第二年可以开始选一个主修系，一个辅修系。辅修的课程包括教育、心理、卫生、地理等。这种制度有一定的灵活性，文理科之间转系需要经过严格的考试，但文理科内部转系较为方便。这种做法一直延续到 1939 年。

针对当时高校学系设置名称混乱和课程标准不一的现实情况，1938年秋，教育部出台《文理法三学院各学系整理办法草案》，对各校的系科设置和课程设置提出了基本要求。学校根据当时教育部的规定，只设主修系，取消辅修系，重新将课程分为三类：一是公共必修科目，二是主修必修科目，三是主修系选修科目。为充分体现学校的师范学院性质，将之前的教育学改为全校学生的必修科目，以适应大多数毕业生将来从事教育工作的需要，这也是解放以后院系合并中将学校改为师范大学的先导。

与那些以男生为主的综合性大学不同，金女大的系科设置充分考虑到女性特点和当时女性就业的社会需要。吴贻芳说："金女大是一所女子大学校，就必须对一般的妇女有所贡献，学校领导这些妇女的目的是在帮助她们过丰盛的生活。"民国时期封建礼教积习深重，社会动荡不

安，作为弱势群体的妇女儿童精神委顿生活窘迫，需要得到更多关注。金女大因时而动，设置适合女性的课程就能更好地服务妇孺，也因此，社会学系、家政系、医学科、护预科等系科等备受学生青睐。

金女大声名卓著，但它并不是一所高居象牙塔中的贵族学校。立足于服务社会的办学宗旨，学校打开大门，将教学与社会现实紧密结合。一方面学校极为重视理论前沿知识的引入和传授，另一方面，教师都十分重视理论与实践的结合。吴贻芳在回忆办学经历时说："学习中重视实践，如社会系重视课堂教学和社会实践相结合，常常举行社会调查，就某些专题做分析研究。理科的报告与论文须根据实验写出。当时有些中学没有理科实验，学生缺乏理科实验的基础知识，所以理科教师如蔡路德博士，从新生开始上实验课就系统地、有顺序地训练学生独立操作能力。她对实验操作要求十分严格，以培养学生严格对待科学的态度。"

在金女大，社会学系是学校的王牌专业之一，极为重视社会调查，注重专业理论对现实社会的引导与改善。钱且华教授亲自带学生做社会调查，如华东地区婴儿的死亡率，孤寡老人的生活状况，夫子庙的下层社会状况等。学生朱文曼在她的鼓励下调查寄宿制幼儿园对儿童心理和生理影响问题，写出的报告在学前教育界引起了不小的反响。

学校要求学生无论野外上课还是社会调查，一定要写研究报告，从理论到实践再回到理论，真正教会学生实际工作的基本方法。学生写出的论文关注弱势群体和社会问题，这也激发了她们自身的社会责任感，彰显了学校的"厚生"精神。

作为一所师范性质明显的学校，金女大极为重视学生的教育实习。为了给学生提供教学实践的机会，在经费和人员都极为紧缺的情况下，学校还是想方设法创建了一所附属中学。金女大附中不仅是女大的教育实习基地，还以教学质量高在全国享有盛誉。当时的许多名人都把自己的女儿送到这里学习。

吴贻芳不仅是教育家，还是一位思想家和政治家，她精心设计学生社会实践，既培养了自己的学生，也与那个时代许多杰出人物一样，担负起了教育和改造国民的责任。

五、从办一所学校出发，努力办好中国的教育

《荀子·大略》："国将兴，必贵师而重傅。"尊师重教是中华民族的传统美德，然而在那个动荡不安的年代里，教师地位并不尽如人意。吴贻芳一生经历了晚清、北洋军阀、民国和新中国的成立，无论是早期的求学、教书，还是后来的做校长和行政官员，都矢志不渝地追求教育救国和强国的理想。

吴贻芳一生未婚，有人戏称她把自己嫁给了金女大。确实，为了学校的发展，她投入了全部的感情和心血。解放以后，在高等院校实行院系调整的大背景下，金女大与金陵大学重新整合，在金女大原址组建南京师范学院，从此，金女大走进历史和人们的记忆中。

吴贻芳虽然离开了她深爱的校园，但她却怎么也离不开教育。很快，她接受江苏省人民政府的任命，担任江苏省教育厅厅长，接着担任副省长，分管文化教育，继续为中国教育出谋划策，为提高教师地位，在全社会形成尊师重教的风气鼓而呼。她说："人民教师担负着培养我们下一代成为国家建设者和保卫者的任务，因此，我们应该尊敬他们，任何轻视教师工作的思想都是错误的。""文革"十年，知识分子受到了不公正待遇，教师地位一落千丈，教育系统受到严重冲击，吴贻芳也深受其害。

"文革"后，吴贻芳复出，继续担任江苏省人民政府副省长。1985年，全国人大常委会正式通过国务院关于建立教师节的议案。教师节前夕，93岁高龄的吴贻芳在《江苏工人报》深情寄语："'四化'急需人

才，教师责任重大，能为国家的繁荣昌盛培育栋梁之才，是很光荣的。桃李满天下是我们教师的幸福和骄傲。"

吴贻芳在执掌金女大时期，努力践行着教书育人的使命，走上行政岗位后也一直强调：教育者既要会教书更要会育人，只有把"人"教好了，使他们成为对国家和社会有用的人，才算真正完成了任务。为此，一个优秀教师就要在实际教学中努力将教和导结合起来，在教学中能够注重思想教育，创造新的教学方法，积累成功经验。当然，这不是一件容易事，这需要教师深爱自己的职业，爱自己的学生，坚持学习。"一个人民教师，只要他具有刻苦钻研的精神，循序渐进的学习习惯，善于安排好时间，挤时间，有决心有恒心地坚持学习，就一定能够逐步提高业务水平，做好自己的教学工作。"

吴贻芳非常重视基础教育，在她看来，办好基础教育的关键是建设一支既有数量又有质量的教师队伍，其主要环节是办好师范教育，她形象地将师范教育比作"工作母机"。她在担任副省长期间，亲自过问各类师范院校的招生计划、招生数字和普教发展的比例，从而保证每年有足够的师范毕业生去中小学任教。在江苏省师范教师紧缺的关口，她毅然决定从中学教师中选出优秀教师到高师任教。

此外，吴贻芳还十分关注幼儿教育，她说："教育是现代化的基础，幼儿教育更是基础中的基础……一个人如果从小就接受良好的幼儿教育和普通教育，他进入高等学校以后，才能成为优秀青年，成长为专门人才。"学校和教师应该了解幼儿心理，放下身段，真正走进孩子的世界。幼儿教育要符合儿童成长发育的规律，合理安排孩子的学习、劳动、休息、娱乐时间，养成有规律的生活习惯。开展适合孩子的文娱活动，切实做好保健工作，促进孩子健康成长。

我国全面实行计划生育政策以后，独生子女的教育问题凸显，很多家长不懂儿童心理和教育方法，不会教育孩子。在 1981 年召开的全国政协五届五次会议中，吴贻芳提出要普及科学育儿知识，加强独生子女教育，并在《人民日报》撰文，呼吁全社会都关注这个问题。她说：“天下做父母的，都疼爱自己的子女，但一定要懂得正确的教育方法。”为此，她倡导相关部门“通过广播、电视、报刊等各种宣传工具，进行广泛的宣传教育，出版父母必读之类的通俗小册子”。只有家庭、学校和社会的多方配合，才能确保独生子女教育的成效。

改革开放之后，国门打开，送孩子出国深造成为很多学校和家庭的选择。作为一名留美六年的归国学子，吴贻芳深知其中的得失利弊，一方面，她努力创造条件为有志之士出国深造铺平道路；另一方面，她要求相关部门把好审批关，确保每一个留学生都能学有所成，为国家建设做出贡献。

这些问题即使在今天看来，也都具有前瞻性和科学性，由此我们也能充分感受到吴贻芳教育思想的全面和务实。

吴贻芳在生命的最后一年，考虑最多的就是再办一所金女大，把金女大的办学传统传承下去。在征询诸多校友的基础上，1985 年 5 月 11 日，吴贻芳正式向江苏省人民政府提出筹建金陵女子学院的建议。1987 年 3 月 21 日，江苏省人民政府复函南京师范大学，同意筹办金陵女子学院。当年秋季，学院开始招生。遗憾的是，吴贻芳没有等到这一天。

结　语

吴贻芳先生是中国社会第一批接受了高等教育的新女性，深刻领悟到了教育的本质，努力践行着“厚生”的教育理念，用她生命的全部诠释人生的目的——“不光是为了自己活着，而是要用自己的智慧和能力来帮助和造福社会，这样不但有益于别人，自己的生命也因之而更丰盛”。

目录

就任金陵女子大学校长致辞 ……………………………… 001

基督教教育之特殊贡献 …………………………………… 006

现代中国的女性领袖 ……………………………………… 008

在学校年终的感想 ………………………………………… 013

抗战中的中国女性 ………………………………………… 016

有机化学·序 ……………………………………………… 022

华群女士事略 ……………………………………………… 023

对少年儿童工作的希望
　　——在江苏省第一次少年儿童工作会议上的讲话 ……… 025

教师应该对学生全面负责 ………………………………… 029

妇女们，为了建设社会主义要努力学习文化 …………… 035

团结全省中小学教师进一步发挥革命热情和工作积极性

　　为建设社会主义而努力
　　——在江苏省中等学校和初等学校教师代表会议上的报告 …… 039

目前教育工作的主要情况和问题 ………………………… 060

致函在美留学生 …………………………………………… 070

总结和推广优秀教师的经验，为积极稳步提高教育质量而奋斗 …… 074

在世界第四届妇女大会上的讲话 ………………………… 080

大家都来学拼音字，说普通话

    ——在第二届全国人民代表大会第一次会议上的讲话 ············· 084

让儿童健康地成长 ··· 089

更好地发展社会主义教育事业 ······································ 092

提高英语教学质量的几点意见 ······································ 095

进一步提高英语教学的质量

    ——在江苏省中学英语教学座谈会上的讲话 ·················· 101

八十生辰感言 ··· 109

给崔可石同学的信 ··· 114

中国民主促进会江苏省第二次会员代表大会开幕词 ············· 116

加强青少年政治思想教育刍议 ······································ 119

教育体制的改革一定要注意青年就业问题 ·························· 125

在金女大上海校友会的讲话 ··· 128

爱国爱党爱人民 ··· 132

在南师附中建校七十九周年庆祝大会上的讲话 ·················· 135

中国民主促进会江苏省委员会为四化建设服务经验交流会开幕词

    ··· 137

纪念陶行知　学习陶行知

    ——在江苏省陶行知先生诞辰九十周年纪念大会上的讲话 ········ 140

为建设高度的精神文明而努力 ······································ 144

祝辞

    ——祝贺南京师范学院改名南京师范大学 ·················· 148

给金女大校友的信 ··· 150

爱学生、爱事业、讲求教学方法

    ——在江苏省教育学会中小学外语教学研究会成立大会上

      的讲话 ··· 152

民进江苏省委员会基层工作经验交流会开幕词 ……………… 155

加强了解，促进交往 ………………………………… 158

着眼基础，面向未来，全社会都来关心和培育祖国的幼苗 ……… 160

金女大四十年 ……………………………………… 162

幼儿教育也要三个面向

　　——祝贺《幼儿教育》创刊一周年 ……………… 192

在民进江苏省第三次代表大会开幕式上的讲话 ………… 195

回忆与祝贺

　　——写在建国三十五周年前夕 …………………… 197

致江苏省人民政府关于筹建金陵女子学院的建议 ………… 200

给旅美金女大校友的信 ……………………………… 201

寄语教苑群英 ……………………………………… 203

祝贺与问候

　　——在民进江苏省暨南京市委会庆祝教师节大会上的讲话 ……… 204

吴贻芳著述年表 …………………………………… 206

就任金陵女子大学校长致辞

贻芳对于教育行政，既没有经验，又从未研究过校长一职，自知万无能力担任，故被董事会推举后，经五六个月，尚未曾答应。后因金陵急待改组，一时又不能找得相当人才，对于母校，有应尽的义务，鄙人对工作，素来相信实验，校董会既能容谅试办的态度，鄙人才敢冒昧地答应来实地实验几年。今天既然正式受职，此后自当遵照校董的指导，竭诚奉职，与全体教职员合作，谋求本校继续的发展。

德校长适才约略地述过本校的创办并历年发展的情形。这14年里，经过了种种的经营奋斗，战胜了种种的障碍困难，才有今天的成绩。一方面有这样壮丽的校舍，完美的设备；一方面在社会上，有120多个毕业生在教育界及他种事业上服务。鄙人不禁要极诚恳地，代中国女学界，表示谢忱；对于德校长，及凡于金陵的实质上及精神上有贡献的人们，表示我们感谢的诚心。

本校开办的目的，是应光复后时势的需要，造就女界领袖，为社会之用。现在办学，亦是要培养人才，从事于新中国的各种工作。本校的建筑，可以代表一种融合新旧中西的新创造。校舍宏壮的规模，精美的饰装，是要保存我国固有的文化；钢骨水泥的构造，房间户牖的分配，是取近世科学的新发明：所以既然保存中国建筑的特性，又能合乎学校的实用。我们研究同学的态度，也是如此的。学校于国学科学，同时并重，既培养了中国学者的思想，又能得科学家的方法，然后到社会上去，才能应各种的新需要，运用自己所学，贡献于各种新工作。

凡是办教育的，没有不注重学问同道德。今天要略略提起的，也就是"学问"同"人格"四个字。几年来所提创的，妇女解放，男女机会均等，种种运动，今天可以说是全实现了，现在是时势造英雄的时机了。不过我们女子，若要不负这种时机，就要急切地讲究真学问。宣传运动的时期已经过去，实地工作开始，非有真的学问技能，不能维持我们的地位。所谓真学问，是要用科学的方法，批评的眼光，去用一番研究分析的功夫；再加上自己的思想和观察的结果，那么所得着的，才是真学问、活学问——不是教科书里，先生讲义里属于他人的——才能由我运用，无论从事于任何事业，都可做一点切实的贡献。

人格的重要是最明显的，不必多讲。现在受高等教育的女子，还是很少，所以对于社会，有一种为领袖的责任。若做领袖，高尚的人格，实在是最紧要的资格。所以学校一方面不能不注意学生的生活同环境，使学生容易养成健全的人格，将来能做有实益的领袖。本来教育的宗旨，是要培植人才。威尔斯来大学校长曾经说过："可以算得数的，就是人。我们全心去教出人来，这些人同样地再去教人，于是相传不绝了。"

吴校长就职贺词

金陵建宅，始自孙吴。王凤既息，遂奠民都。

黉舍峩峩，千门万户。峙立城中，女界学府。

溯厥初基，交邻有道。美人之贻，相期永好。

输才睿智，导吾先河。一十四载，造就日多。

早种善因，教权授我。今岁实行，获此嘉果。

延陵博士，吾校健者。毕业最初，温文尔雅。

负笈重洋，多闻博学。继任公推，惟君卓卓。

综持全校，实赖长才。循循善诱，继往开来。

校有明训，厚生为责。厚生之义，不徒衣食。

德智体群，各宜环境。适者永存，不枝不梗。

更有一言，殷勤相勖。领袖同侪，革新旧俗。

（1928 年 11 月 3 日吴贻芳出席金陵女子大学校长就职典礼，发表就职演讲）

【附录】

吴校长就职演词

牛徐蘅

今天，吴博士正式就职，本校董事部推举鄙人将吴博士介绍与诸位教职员、诸位同学以及诸位来宾，所以简单地把吴博士的历史以及董事部聘她的经过略述一遍。吴女士是世家出身，父兄母姊都是品学兼优。她幼年的时候受了家庭的教育，后来到杭州女学校肄业，又入弘道女学苏州景海，以后在国立北京女子师范做教员。

她求学的心很急切，所以就入了金陵女子大学。那时本校刚成立了半年，因为她从前没有得过中学的证书，来校只得试做旁听生。不到几个月，各门功课的成绩较比正科学生还强得多。她本来预算五年毕业，不料到了三年半已经读完了四年的功课，而且考试名列优等。在校的时候同学们都称赞她脑力非常富强，无论哲学科学都能贯通。

　　金陵毕业后她任教于国立北京女子高等师范。未久，该校就请她为英语部主任，然而她性近科学，喜欢研究，总是觉得自己学业无成，所以立志赴美求学，就入美国米西干大学，专门研究生物学。在那边她被选为中国学生会会长，又被举为科学 SIGMA XI 会员。她的知识总是出人头地的，比如有一次将近考试的时候，她因为朋友有病很厉害，就旅行七天去探望她的病，回校的时候正赶上考试，居然得了特等成绩。她的先生很稀奇地对她说：下次考试的时候你再去旅行一次吧，回来总可以考一个最优等。

　　至于她的品性，非一言可尽的。鄙人同吴博士有 14 年的知交，看她的日常待人接物，真能实行那"言笃信、行笃敬"的道理。

　　现在鄙人要把金陵董事推举吴女士为校长的经过报告给诸位听。去年 3 月间，因为政局变迁，西国教员不得已就离开南京，学校一时维持无人，幸而有几位中国教职员、诸位同学很勇敢地分任校务。这时候德校长同诸位西教员深觉得因时局变迁，华人的问题需待华人解决，当时就率领全体教职员工，一面向董事部自行辞职，一面召集同会代表开诚布公地请求推举贤能为金陵校长。董事部同人等全体一致以为能得到吴贻芳博士做校长，种种问题就能解决了。不过，明知道吴博士在美国五年的研究将次告成，只缺论文，又须经过末次大考，欲顾全她的成功，即不敢造次请她立即回国，恐怕误了她的前程。所以先写信请求她的意见。后来得她的答复，是很诚恳地说：假使母校急需她回国维持，她与母校有存亡的关系，虽论文未毕，可先行回来相助一切，唯校长一席，万不敢受。因为她的目的本是从事于研究科学。但这功亏一篑的时候竟然肯牺牲了来维持母校，这种大公无私的德行我们听了能不佩服吗？鄙同人等当时立即发电请美国"托斯会"特约聘请吴女士为本校校长，美国委员会就恭请吴女士往纽约接洽一切，并参观东方著名的女子大学，俾将来为参考的资料。女士就不顾论文完毕与否，毅然地前往，一面演讲，一面参观，阅两月之久，凡是听她的言论都称道她很有领袖的资格。本校委员在美国就发电通告本董事部，已正式聘请了吴女士为本校的校长。几个月后鄙同人等接得女士来电："论文已毕，考试及格，定期回国。"同人等接电之后，似乎大旱得甘霖，实在喜出望外。直到今天，本董事部聘请吴贻芳博士为金陵女子大学校校长，才得正式告成。

（原载于《金陵女子大学校刊》1929年第11期）

基督教教育之特殊贡献

本题注重特殊两字！方今社会一般公立和私立学校，日加发展。而教会学校，际此时潮不有特殊的设备和良好的教授法等，必受天然的淘汰，无可疑义！今贡一得之愚，和诸位讨论一些特殊的方法：

（一）注重个人：学校的人数，无论多少，师生间能够多一层接触，便多一层谅解；所施的教育，也多一层成绩。教会学校人数有时较少，在课外师生更应有友谊的联络。默察现时各地基督教学校，未经变乱者人数自有增加，而经摧残之地，小则缩小范围，大则常致关门停办；所以今日办学之难，已为不可掩的事实。我们处此危潮，首当从事注重特殊的个人教育，对于学生的训育和化导，一个一个要特别地注意；要知道今后的基督教教育，是重在质而不在量的，每一人有一人的价值和性格，我们应视其人而"因材施教"。要重视若人的前途和一切的新生命，而负着训育的相当责任。

（二）发展整个的人生：大家都知道，基督教对社会方面，是注重道德品性，所以应亟加研究，如何能使"人格教育"实现？这事不是"一蹴可几"的，根本上在幼稚园的教育时，便须做起，再继之以小学、中学、大学，方能使他们将来实现基督的模范，而有高尚的人格。有许多人，对于"功德""私德"很难明了，但对于自己的事功，每忽视而不知慎重，故不能立身立德；甚或貌为旷达，不检细行，如吕端之"小事糊涂，大事不糊涂"的一辈，实是大错！要知习惯"慎之于微"，而学校尤当注重慎微的陶冶，方能使整个的人生有良好的发展。讲到此，我们不能不注重教师的人格。小学教师，一举一动，对于学生的感动力，尤有自然而然息息相关的能力。"入苍""入黄"，胥视乎染之者的色彩！故基督教学校，今后亦不可不特殊地慎选教员。因为要使学生能够人格完全与否，是全在教职员方面平时所与以耳濡目染的模范之良否啊。所以基督教教育，目下所应特殊注重的，确非单独注意于课本上的授受，是在司教职者能在他的整个生活中时时表现基督教的真精神，以熏陶学子，这是无上的特殊的贡献。

要而言之，做教师的第一须对于学生有真的兴趣；次对于功课有真的学问；而尤关重要的，便是品性须温良，人格须高尚，方能为学子的表率。

（三）启牖原动力：许多幼稚和青年的人，都能自己辨别什么是对的，什么是错的，何为正路，何为斜路：但徒知判别是非不足以造就前途的光明，必须自己要实地去做对的事，行正的路才行。然青年人每知而不能行，故必须有人先为之启迪，然后方能循序渐进地上去。譬诸点灯，诸凡机器电线电泡一切设施咸备，若没有发电机以为原动力，就不能发光。人虽大都知倾向善的方面，然每无能力以遂其怀。基督教教育实为导人倾向于善的唯一动机。我曾晤一人，系前清翰林，亦曾留学扶桑，谈论间极悲中国无望，因慨叹晚近乱象之频，人心之坏而然；问其何法可使中国于无望中得希望？答以除宗教外末由！并云他自己虽未尝信教，但深信今日礼教扫地，纲纪凌夷，内乱日滋，外侮日亟。百孔千疮的中国，欲转移世运，确非宗教不为功云云。我们听他的言论，便知目前我们所荷基督教教育责任之重大，愿与同道勉而行之。

1930 年

（原载于《中华基督教教育季刊》1930 年第 6 卷第 2 期）

现代中国的女性领袖

(Women Leaders In New China)

现代中国最令人瞩目事情是女性开始走出家庭，进入社会各个行业。尤为重要的是，女性在法律、社会、教育和经济等各个方面，都享有与男性同等的权利。短时间内发生这么大的变化，让中国女性的能力备受称赞。尤其令西方国家惊奇不已的是，新时期的中国年轻女性与她们祖辈之间有了天壤之别。

要想充分理解这种状况，我们必须铭记两个重要因素：一是中国优秀的传统文化给予新时期中国女性以丰厚的滋养，二是女性解放原本就是中国现代化进程中不可缺少的一部分。

旧时代的中国女性，正如 50 年前的西方姐妹们一样，把相夫教子当作天职。女性被灌输父权至上的观念，社会用贤妻良母的标准对她们进行捆绑。结果就是，她们都会追求高度统一的为人处事标准：克己、忍耐、稳重、忠诚、崇高。许多历史典籍表明：中国男子的教育都是依赖母亲或者妻子的牺牲得以完成，并最终获得卓越的成就。中国自古推崇孝道，其实就是推崇母性的荣耀。也因此，在家庭伦理中，母亲或祖母具有至高无上的地位。千百年的磨炼让中国女性潜力无限，沉着又能干，迈入新的时期时，完全能胜任外界的要求。

另一方面，解放女性的呼声是由开明的男性领袖首先发出来的，这也是中国现代化进程中最值得书写的一页。经历了义和团运动的耻辱之后，一些开明人士在上海市内和市郊创办了最早的几所女校。1907年，慈禧太后下令在各大城市开设女子师范学校和女子小学。但我们知道，此前的40年，是基督教传教士在维系女校与男校工作的正常展开。我们必须承认也必须感激他们所做的先驱工作。此外，男女平等的基督教精神也潜移默化地促进了中国女性地位的提升。

女性接受现代教育后，很快就开始走进各个行业中，并参与各色运动。出乎意料的是，她们的所作所为并没有遭到男性的抵制，反而备受鼓励，尤其是那些思想开明的领袖人物。与此同时，西方国家通过妇女坚持不懈的斗争，女性的合法权利终于得到保障。这种形势自然也改变了我们对待女性的态度，现代民主国家中的妇女地位也逐渐被确定下来。在立法院最近起草的宪法草案中，女性与男性享有完全同等的选举权。中国革命与现代化的进程也充分证明：中国妇女在最近20年内获得了西方国家妇女经过漫长历程才取得的平等权利。总体说来，今天中国受教育的女性完全可以进入到她想去的任何行业。我们也看到各行各业都有女性的身影。

中国自古有尊师重教的传统，教师自然是女性首选职业。1904年，在杭州创办的第一所女子私立学校，其教职员工皆为女性。这标志着中国传统女性开始走出家门，服务社会。校长是50岁左右的女性，因个人魅力和能力而倍受尊敬。丈夫去世后，她不但要抚养丈夫和前妻留下的三个孩子，还有自己一个嗷嗷待哺的婴儿。生活艰难无以为生，她打算自寻短见，随夫而去，所幸被救了回来。做了老师以后，经济还是困难，但她坚强地养育着这些孩子，并让他们接受良好的教育。还有一位白发苍苍的国文老师，典型的老派学者，她出身名门，是一位著名学者和书画家的孙女，在婚前就接受过文学教育。第三位教师来自湖州，她因为自己的文学才华声名卓著，她嫁给一位没有受过学校教育的男人。第四位老师是一位 30 来岁的年轻女子，思维敏锐，性格坚毅，一直保持单身。父亲去世后，她通过做刺绣帮助母亲补贴家用，并辅导弟弟。被聘用教授历史和地理学科。虽然她已经做好担任地理教师的准备，但她发现竟然找不到一本现代地理教科书。后来她向学生坦陈：在第二天上课的前一天晚上都要备课到午夜之后。她对思想动态和国家局势极为敏感，时常向女学生们渗透爱国主义和公民义务的理念。

目前，从幼儿园到国立大学都有女性教师，甚至还有女性系主任，率领男性教授工作。

根据教育部公布的 1931—1932 年高等教育统计数据，在政府、教会和私立高等学校的教职人员中，女性成员占总数的 5.7%。这个百分比率并不高，但如果人们意识到公布的 103 所高校中只有两所女子学校，女性的比例居然高于平均水平，那么这个数据就难能可贵了。总体而言，对女性基本没有偏见：只要条件合格，女性候选人都将与男性候选人一样公平竞争。在政府考试中，无论是录取公务员或竞争奖学金，都不会歧视女性申请人。去年夏天，25 名大学毕业生中，两名女性通过了英国庚子赔款基金中央委员会的资格考试。即使是在中央研究院的工作人员中，在职女性虽然数量不多，但也都享有与男同事的同等待遇。

此外，女性进入了医学、护理、社会和宗教、文学、法律、政府、服务、商业和工业等领域工作。比如大家都熟知的两位女性内科医生——康爱德医生和石美玉医生。

在基督教工作方面，丁淑静身为全国基督教女青年会总干事长达十年之久，有效推进这项全国女性运动并将其发扬光大，同时还积极为其他女性组织出谋划策。Mrs Herman C.E.Liu 领导 W.C.T.U 显示其卓越才能。她兼任一家妇女杂志编辑，甚至还管理一个女乞丐收容所。Mrs H.

C.Mei 是青年女性基督教全国委员会主席，常年给这个收容所的妇女提供职业培训。此外，她对组建上海中国妇女俱乐部贡献颇多。作为国际联合委员会（代表了 17 个不同国家的 17 个妇女俱乐部组织）主席，她积极促进国际交流。这些杰出女性名声在外，她们在不同领域的工作状况将有更为详细的介绍。

在教育领域，王季玉女士和她的母亲所做的先锋和独立工作，可喜可贺。1906 年，王谢长达夫人在苏州开办了一所小学，专收当地乡绅的女孩子们。她还鼓励传统女孩子们放足，1901 年，江苏总督任命她组织和领导"放足会"。她亲自走访了周边的城市，并在全国设立了 20 多个分会。她让自己的女儿出国接受高等教育。1917 年，她的第三个女儿王季玉女士学成归国，获得了蒙特豪里尤克学院文学学士学位和伊利诺伊大学的硕士学位。回国之后，她接管了母亲学校并进行了重组。从那以后，学校在她的领导下不断发展壮大。私立学校财政平衡是极为艰巨的任务，但她一直勉力维持了高标准供给。她们学校的毕业生都是优质学生，从而获得江苏省政府的充分肯定，并得到政府经济补贴。几年前，当原来的教学大楼无法满足大体量学生群体使用时，王季玉女士从政府那里获准使用一栋旧办公楼，甚至成功筹集到重建的资金。目前，该校注册学生数约为 700 人，中小学生各占一半。学校约有 80％的毕业生升入国内外高等院校，15％的人直接进入社会就业。

在我国古代的文学长河中，同样有许多杰出的女性诗人与学者。这中间最著名女诗人是宋朝的李易安。汉朝的历史学家班昭，续写了哥哥班固未完稿的史学巨著——《汉书》。近代以来，中国女作家不断追随先辈的脚步，在文学创作上取得了长足的进步。有人写诗，有人写长篇巨著，有人写短篇小说，还有人进入了新闻界。最著名的女诗人是谢婉莹，她曾就读于北平贝满女中和燕京大学，从小在家里就受到良好的文学熏陶。她的白话文无韵诗清丽典雅，主题大多是温馨的母爱、美丽的自然和天真的孩子。最近出版的一本《中国现代女作家》中,她荣居十人之首。

商界最杰出的领袖是中国上海女性商业储蓄银行总裁严叔和小姐。她在教会学校接受中学教育,1916 年加入上海商业储蓄银行,成为该银行唯一的女职员。她在储蓄部工作的三年,展示了自己银行业的才华和浓厚兴趣,并帮助设计了鼓励存款的方法。为了将这个方法发扬光大,在上海人口稠密的虹口区建立了第一家分行。但一开始并不是很成功,于是派了严小姐来负责这家分行,通过她干练的管理,存款量直线增加。虽然她工作忙得不可开交,她一直在思考她还能做些什么来专门帮助女性。她认为,其他国家的现代女性在经济上独立,可以进入各种的企业,而中国的女性还没有学会如何理财。不过,在中国现代化的进程中,女性应该为社会贡献自己的一分力量。而做任何事情,资金都是必不可少的,银行机构也能给予相应的帮助。瞄准帮助女同胞这个目标,她决心开办一家妇女银行。最后,得到上海商业储蓄银行行长的支持和批准,经过精心筹备,她自己的银行 1924 年成立开业。银行稳步发展,到 1930 年冬,在上海南京路建成了银行大楼,员工从 20 人增加到 90 多人,其中 4/5 是女性,存款超过 600 万美元。她的关注点仍然是帮助女同胞们。她安排了自己的办公室,一个是银行大门口进入,另一个可以从后街进入,这是为了鼓励害羞的女性客户来找她咨询。因为银行制度在传统女性的经验中是一个新生事物,任何来银行的人也可能被视为有钱人。不需要从大门冠冕堂皇地进来,许多妇女从后门就可以方便地直接找她咨询,寻求理财建议。银行的稳步发展充分彰显了她的成功和服务女同胞的执业理念。

翻译:吴小可

["Women Leaders In New China"(《现代中国的女性领袖》)原载于 *The Chinese Recorder*,1935 年]

在学校年终的感想

　　每年到年终或新年的时候，报纸上必载着新年或年终的感想等等的文章。我这感想并非要讲感想而有感想，是我中心所感觉的。这感想的来可分为二方面：一是我在外国所受到的印象，一是在最近所受到的印象。我在国外受到的印象最深的要推去年的双十节。那时我在美国 Ann Arbor，中国学生请我加入聚餐会，我当然很快活地答应加入。正在 9 月底 10 月初时，中日交涉紧张的时候。我们在外国的人对于祖国的情形都是特别留意。身在异邦，能同本国人聚在一起庆祝国庆，那是何等的快乐。我看见 New York Time（《纽约时报》）载着日本东京的消息，称南京交涉要延迟。空气似乎缓转了些，因为以前报纸载的口气都非常强硬，所以心里是 12 万分的高兴。回忆 20 年前我在本校做二年级学生时庆祝国庆的情绪，也非常高兴，因为洪宪失败后我们庆祝。所以在那天聚餐，我立起来讲的第一句话，便是 20 年前的一个学生，在今天——国庆日，对国家曾抱有无限的希望；到 20 年后的今天，对于我国前途还抱着无限的希望。民国成立虽有 25 年。在此时期，不知经过了多少艰难，果然得有今日的结果，是值得我们快乐的。故饭时非常高兴，说话时完全以至诚的热忱。演讲后第二天，我在开会，有一位中国学生会书记坐在我的身旁，他称赞了我的一些昨天演讲的话，我便向他感谢。他接着说讲话真要小心。我便问他，一般人对于我的讲话印象如何，是否以为我为中央说话。他微笑，当时我未免有些伤感，因为我并无党派，仅是一种至诚的热忱和希望，所讲的话完全根据事实，并非宣传，更未受任何人或任何机关的津贴。所以我宣传，不过感觉我应该为国家讲话，因为在国外的人对国内情形未免有暌隔。我那时深深地感觉：莫怪外人批评我们，党派分歧和漠不相关。

到檀香山和旧金山买报看时，便觉得我国人党派分歧，因为各报便是为各党自己宣传而攻他党，在政治上党派分歧，在学术机关也不脱斯弊，言之痛心。所以在今日在学生时代，一切即当认识自己，判别是非，推其所以有党派的原因，不外乎自私、个人利益、名誉、地位。努力，倘能将自己忘掉，而以事业为终身目标，用大公无私的精神做你的事业，等到事关成功，你在社会一样的有地位，有名誉。在学生时代既无利益，更无势力，在此时期，正是练习自己，遇事要有主张，要有见解。

当我在英国时，曾参加英国国会会议，正是实业部长将牛肉工会要求政府津贴的议案说明时，群众噪啄声，或有竞起二辩驳。部长不为所动，更不觉其有失部长之威严。他仍旧继续将议案说明。他们在会议中可以互相辩论，会以后各仍和好如旧，不应为某事之意见不同而损及平时的友谊，完全表现对某件事之意见，并非对人生意见。又如在美国总统竞选时，党派之互相攻击非常厉害，他们政府也觉着这种情形的难堪，但是他们等选举结果揭晓后，人民唯元首是从。全国人民互相合作，即反对派之资本家也携手合作，他们为国家并非为个人。所以我们对事情应该有主张有见解，对人不应该有意见，在事前各人可以发表个人的意见，待讨论结果，少数要服从多数。

我去美时，坐三等舱，乘客都我国商人。衣服太不雅观，并非言其不美观或讲究，是觉得他们太随便，穿着浴衣吃早膳。看见了使人不舒服，别人以为我国受了数千年专制的压迫，其实我国人民太自由，太不纪律化。

最后，我愿把本校毕业生李季明女士的话介绍给诸位。李季明在协和读医，当其回校行毕业典礼时。本校师生都围着问她协和情形，她答我在协和读书害怕得很，害怕被跌出，失掉金陵在该校固有的光荣，自己被跌出没有关系，因为我的名字不会被人永久记住，但金陵是要永久地留作的。这是她爱护母校的心。由此可以推而言之，就是我们到外国，当想到我们是中国的代表，对个人的关系小，对国体与民族的关系大。

最近曾去宿舍，觉起居室太随便，不如往日之整洁。希望同学留意。在一件小事，便可表现民族性。有组织、有纪律化，在近代的生活中很重要的，尤其在近代史的战争时间。近代史的战争并非仅靠前敌之战争，后方的维持秩序很是重要。

国人所犯的毛病，做事快而不求精，不求透彻，有小聪明。最近与德国人谈，他们对于我们近年来建设之进步都很钦佩，若军队之组织和飞机驾驶证，但国人对于飞机制造及修理还未加研究。我国派留学生出洋已经有了数十年的历史，但在科学方面，在最近刚有小小的贡献。这就是以前我们民族好逸的表现。我今天要对大家说的，对团体要不分党派，要有组织纪律化，对个人要不自私，负责任。本校毕业生在社会负有合作负责任、顾大局的声誉。希望我们在这学期结束新年开始之时，各人自动地对团体和个人负责改良。

1937 年 1 月 16 日

（原载于《金陵女子文理学院校刊》1937 年第 57 期）

抗战中的中国女性

(Women In The War)

日本突然发动侵华战争，中国妇女和男人一样，毫无防备。尽管如此，面对残暴的战争，妇女们随男人一起，挺身而出，义无反顾。全国各地的妇女团体自愿为抗战出工出力。她们筹划了一系列的日常活动，例如：训练急救团体，准备医院供给，组织为前线服务的团体，为难民建帐篷等等。有一件事特别能显示她们极强的应变能力：淞沪会战打响的那一天，三名女大学生为中国医疗联盟提供了全力支持——在接受了配备战地紧急医院的任务后，她们成功地供应了各种用具：大到担架，小到洗衣盆，竭尽所能。而在类似的情况下，其他的医院都是通过相关组织或者是私人捐助来完成的。

妇女们关心国是的传统由来已久。早在 1911 年辛亥革命中，就有几百个女学生参加请愿活动，并向黎元洪总统提出了要像男人们一样走上前线的要求。南京沦陷期间，一个妇女选举运动的领导人提供了组织救援的服务。虽然保守派不支持这样的活动，但更多的民众还是从心里支持她们的。纵观中国历史，在战争中挺身而出的女性代不乏人。明末四川的秦良玉，在丈夫去世后接过他的衣钵，成功管辖保卫了这个地区长达 20 年之久，连本省另一个恶名昭著的强盗头子张献忠对她的辖区也都敬而远之。

19 世纪以来，革命党和其他的进步的改革者致力于去唤醒整个民族，我们的妇女们也不甘落后。尽管为数不多，但这些聪颖的女人们，或者参加这些党和各种其他组织，或者改革女子学校，在鼓励女孩子放脚等行动中发挥她们的作用。这些杰出女性想证明妇女跟男人一样，同样应该享有权利和奉献义务。从那时起，妇女们利用走出家门的机会，默默又坚定地为社会的发展和进步贡献自己的力量。1927 年，南京国民政府终于正式承认：妇女和男人一样，在法律、社会地位、经济和教育等方面，都享有同等的权利。

当然，整体上说，妇女地位的提高不可能一蹴而就。但我们看到，各个领域中包括那些新出现的行业中都有我们妇女的身影：从中国科学院大学教授到乡村教师，从科学院研究员到汽船上无线接线员，从国民党中央管理委员会成员到地方行政管理处的职员，从银行的总裁到公司的主席，甚至刺绣委员会的发起人和领导者或修路工人。

1937 年 8 月 1 日，由宋美龄女士领导的全国战争管理物资委员会在南京成立。按字面意思来翻译，这个很长的中文名称有着更多的含义：即全心全意为自卫反击战争中一线士兵服务的中国妇女联合会。号召一经发出，不仅身在国内的女性，就是世界各地的中国妇女也都纷纷起来响应。几个月之内，筹集高达 25 万美元的救援物资。除了现金，还有贵重的珠宝，甚至结婚戒指。此外，大量的军用物资及时到位，如：长裤、毛巾、夹袄、药品、医疗器械，甚至救护车。

1938 年的 3 月，依然是在宋美龄女士领导之下的第二个全国妇女联合会成立。这是为了照顾战区孩子们的组织。战火已经蔓延到人口稠密的长江中下游地区，成千上万的难民们纷纷逃离。在冬天的寒风中长途跋涉逃难，对于每一个人来说，都是灾难。对孩子来说更是灭顶之灾。在河北的难民营，一个妈妈讲述了她逃离海滨城市的经历：出发时带着五个孩子，最后安全到达的只剩下一个。很快，这些妇女工作者们被派去搜救那些侵略军爪牙下幸存的孩子，并把他们安全带到汉口新成立的一个收容中心。这样的行动让那些精疲力尽、衣衫褴褛的孩子们重新感受到人世的温暖。慢慢地，这样的收容中心在中国的西部越来越多。现在40多个收容所分布在八个省的各个地区，照顾着两万多的战争孤儿。这些收容中心的妇女管理者们最近在重庆召开的会议给我留下非常深刻的印象。尽管有几家收容中心被炸毁，并且所有的收容中心都处于可能的空袭危险中，但是所有的女性领袖们面无惧色。她们真正在乎的是，如何去养大这些新中国的孩子们——不仅活着，而且还能健康地成长为聪明且能自食其力的新中国公民。

一方面，随着战争的持续，对妇女的服务工作的需求大幅度增长；另一方面，这些组织没有联合起来的，力量有限。所以，为了协调这些组织，并且进一步充分发挥他们的作用，蒋夫人在江西牯岭召开了妇女领导会议，从八个省来的50个女性领袖代表各行各业从业人员，包括从事各类培训活动的人员，又分别来自不同政治理念的学校。其中17个组织属于基督教性质。但是所有的人在协助战争工作方面都有着一定的经验，并且聚在一起讨论的目的就是如何发挥更大的作用。大会一致决定要成立一个中央委员会去协调各种妇女组织的工作。为了节约时间，出席的代表跳过了成立组织的例行程序，选举了协调所有妇女组织的总团体，即新生活运动的中央委员会。这个委员会迅速壮大。从那时起，这个委员会就成为协调整个国家妇女工作的直接领导组织。

这些女性主持的服务团体在前线还有一项重要的作用，就是对那些新兵、伤员还有村民进行宣传和教育工作。因为缺乏文化，农民并不能真正理解全民抗战的意义，他们的思想还停留在内战期间，试图逃避战争义务。正是这些女性团体的努力，农民现在能够发自内心地支持我们的军队。在医院里，妇女们为伤员提供了很有特色的服务：在协助男护士进行护理工作的同时，她们还帮伤员写信回家，教他们读书、唱歌，为他们带来了令人鼓舞的好消息，甚至平息他们之间的争吵。能起这么大作用，并不是因为这些女性来自于官方，事实上，按照学者的分析，是源于女性与生俱来的力量。

学生们也一直尽她们的一份力。因为她们始终牢记孙逸仙博士的谆谆教诲：学习的同时，不要忘记为我们的国家服务；为国家服务的同时，不要忘了学习。在学校读书的时候，她们通过音乐会或者表演戏剧筹集资金；或者在大街上对民众演讲，进行宣传工作；又或改编戏剧、唱歌，出墙报，去看望新兵为他们写信。男女童子军去帮助士兵们筹建物品，帮助难民募捐衣服。在空袭后，帮忙照顾受害者。1939 年 5 月，重庆发生了严重的空袭，学生们甚至走到十英里之外去帮助那些难民。在成都，一个女学生在急救队服务的时候不幸被流弹击中，失去了年轻的生命。学生们利用假期进行军事训练（女学生会换一种训练形式，包括进行急救方面的课程），要不去乡村志愿团体进行服务。例如 1939 年的夏天，许多女大学生从成都出发，去为伤病员或西北的修路工人帮忙。还有团体在四川巡回，进行宣传工作或者进行公共卫生方面的演讲，并且宣传如何提高农业劳作的效率。

为了支持国家一边抗战一边重建的两手政策，新生活运动妇女中央委员会在持续进行战时活动的同时开始组织重建工作。专门成立一个部门研究如何提高妇女的生产效率问题。现代生活试验中心建立起来，目的是研究纺纱、织布、刺绣技艺和改良养蚕技术。难民营的妇女有了工作，战士家属们有了工作。她们为此感激涕零。大小不同规模的工厂和农场如星星之火在各地出现。

许多年轻妇女经过短时培训，被妇女委员派往农村。正因为在农村生活的人长期处于自生自灭的状态，所以对前来援助的妇女们做出了热

烈的回应——孩子们聚在一起学习唱歌，做游戏；女人们聚在一起学习认字学文化；还有很多人聚在一起兴致勃勃听演讲或是看演戏——新生活运动的推行异乎寻常地顺利。有个村子里的村长吸鸦片，当咱们的队伍到达的时候，他躲起来，不好意思袒露自己的不良嗜好。三周后，他改掉了抽大烟的毛病。20多个地区非常幸运，迎接到这些小分队的服务。四川其余的160个地区还在眼巴巴等着她们的到来。

眼下最大的困难是人手匮乏，这很令人担忧。

女教徒们和基督教女青年会的成员做出不朽的贡献。在女传教士指挥下，女教徒们出色地保护和照顾妇女和成百上千的孩子们，用车子将他们送回家乡。所有的教会机构现在抓住时机带领大家完成各方面的任务。这也是他们的责任。

战时服务的人群中，还有很多走出家门的家庭主妇。例如，吴女士，某位省长的妻子，曾是一个典型的旧式妇女，但是战争也召唤了她。她的第一个工作是筹钱购买战争物资，而现在她是新生活运动妇女委员会省级主席。不知不觉地，她的委员会居然成为国家委员会最强的一个分支。对于一个孤儿团体来说，周夫人才是真正的"妈妈"。作为一名内科医生的妻子，刚开始，是协助照顾伤病员。在最近一年，她成立了一个团体，致力于照顾战争孤儿。除了这些责任，她还抽出时间去帮助孩子们寻找他们的亲戚。一次夜间空袭后，她参加上午召开的会议，但是她迟到了。大家取笑她"睡过头"了。不过她微笑着解释："实际上我比你们所有人起得都早，因为我要去市里给我的孩子们发平安电报。"曹妈妈，大家都叫她"游击队母亲"。她本来是一个满洲里的农村妇女。当日本人攻占了满洲里，她和她的大家庭成立了一支志愿小分队。难以置信的是，她两次被日本人逮到，两次又逃掉了。1934前，她在北京地区向当地人宣传坚持抗战的信念。她的儿子因为奋勇抗日远近闻名，1937年成立了游击队组织。作为游击队长的妈妈，到处奔

走号召村民们参加抗日，并且帮忙筹集打仗物资和供给。最近，她又去大城市忙着游说给游击队的支持。她虽然瘦弱，头发花白，但是她目光坚定，内心刚毅，始终活跃在第一线，与国家共存亡。

毫无疑问，战争就是一场灾难。这场侵略尤其给妇女带来了巨大的伤痛。那些在侵略者们到来之前能够逃走的妇女，忍受着战争的煎熬，拖拽着幼小的孩子，给嗷嗷待哺的婴儿喂奶，甚至在颠沛流离的路上生下孩子。而没能够及时逃出去的女人们就成为敌军的牺牲品。那些努力抵抗的，许多人被杀死了，还有一些人被武力所迫从，最后还是自杀了。虽然所剩无几，还是不断地被剥夺了仅剩的一点点东西。男人们被杀死，或者失踪，或者上了前线，还留下这些妇女孤独无望地与饥饿做斗争。然而经历了非人的折磨，中国的女人们显示出令人惊异的忍耐力和重建家园的决心。这些曾经在家里默默奉献的仆人，而今时代变迁，我们的妇女们已经跨过了那道门槛，正在成为国家的主人。今天，我们的国家不仅仅在流血，在遭受苦难的废墟之上，我们的新国家也站起来了！

翻译：毛映霞

［"Women In The War"（《抗战中的中国女性》）原载于 *The Chinese Recorder*，1940 年 6 月］

有机化学·序

溯自国立编译馆成立伊始，教育行政当局即有自编大学用书之计划。迨抗战军兴，通海各口，均被敌船封锁，于是大学用书，更有自行解决的迫切需要。过去，各大学科学书籍，类多采用欧美原本，其后渐有移译，然究非根本解决之道。况值此非常时期，各地均需求自力更生，则大学各科学之课本，安可不自行编著，供各生之研习者乎？

本校化学系教授沈宏康先生与讲师温畅女士有鉴于此，就教课之暇，从事著述《有机化学》一种，用力甚勤。初稿成后，试做教本。时金陵大学化学系主任唐美森先生休假回美，该校读是学程者，即请沈先生全班教授。两校学生感觉此课本说理明当，内容完美，非常实用。善本之称，信而有征。

至著述经过情形，沈先生有自序在，毋用再为申说。若内容之完善，则读者自能领会，亦可不必介绍。其所以不能已于言者，即此种极重要、极基本之科学教本，由国人自行撰成者，尚不多见，此实有倡导之必要。将来蔚成风气，则虽无当局网罗人员从事辑述，亦必能如雨后春笋之勃发，于我国科学前途，裨益匪浅，故不揣谫陋，乐为之序。

1943 年 2 月

（选自《中华民国史档案资料汇编·第五辑》，江苏古籍出版社 1994 年版）

华群女士事略

　　华群女士（Miss Minnie Vautrin）籍就美邦，公元1886年生于伊利诺州，髫龄就学颖悟过人，秉性慈淑，见义勇为。初卒业于伊利诺州师范学校，任教员数年，获有积蓄，始入大学，得文学士学位。民国元年来华，任安徽合肥三青女子中学校长。年满返国休假，入哥伦比亚大学研究院，得硕士学位。

　　民国八年秋，女士应本校之聘，任教育学系主任兼教导主任，精心筹划，建树既多，执训迪，同学尤深爱戴。前校长德本康夫人倚之如左右手，遇休假之年，辄请其代校长务，女士也以学校为己任，不辞劳瘁，苟有暇晷，则拜访附近邻居，询其疾苦，为解除计，在学校附近创设乐群社，懿师家政学校，领导学生，于课余前往服务。

　　女士于休假之年，非入研究院研究，即赴欧洲各国考察教育，对丹麦之民众学校，尤感兴趣。渠对教育既有深湛之研究，又积多年之经验，故力主大学卒业生，如欲往中学任教员者，必选一中学课程为主修，再学教育原理、教学法及实习教学等，以此创设附属实验中学。附中一切，均由女士规划，学生实习，亦必躬亲指导，其负责如是。后教育部曾定大学生有志任教员者，须习教育学课程12学分，与女士主张，完全符合。国联教育考察团曾来校与女士长谈，对女士之教育主张，极为赞佩。

民国二十六年冬，日军侵华，首都被兵，女士毅然为本校留守，目击城中妇孺惶惶不可终日，遂就本校设收容所。时倭军纪律荡然，敌将且作有计划之大屠杀，以此罪恶行为，罄竹难书，独留本校收容所之妇孺万余人，赖女士奋不顾身之维护，得获保全，遂有万家生佛之称。然以昕夕从事，冒险犯难，心力交瘁矣。后首都秩序渐有进步，妇孺可以回家居住，唯无家可归者又成问题，因设职业科，授以生活技能，使能自谋生活；更设实验科，即附中之暗中复活，以教育陷区之女青年，此种救人之尽力与周密，实古今中外所罕观，卒以体力不能支持而抱病，经朋友之敦劝，始于民国二十九年五月返美调治，延至翌年五月十四日，康复乏术，竟与世长辞，噩耗陡来，闻者莫不震悼，中枢亦轸惜良深，于次年六月十日，由国府明令褒扬，以资矜式。

复员以来，百端待理，缅怀前修，益增劳念。溯贻芳于民国十七年秋继长校务，时德前校长既返国休假，而女士亦辞教导主任，仅任课程委员会主席，然对学校一切计划，仍悉心借箸代筹，既不居名，又不强人采用，贻芳得其襄助至夥，对其人格，尤为钦佩。盖女士深得基督教之博爱精神，待人接物，无不具有爱心，故能舍己为群，乐善不倦，其感人之深，如铭入心脾，永远不能使人遗忘。兹值女士逝世六周年纪念，敬以所知，据实略陈。

1947 年 5 月

（选自《吴贻芳纪念集》，江苏教育出版社 1987 年版，第 53 页）

对少年儿童工作的希望

——在江苏省第一次少年儿童工作会议上的讲话

    江苏各地少年先锋队的组织，在共产党的领导与关怀下，青年团的直接领导下，已有了相当数量的发展，全省已有 84 万队员。几年来，少先队的工作是有很大成绩的，队的组织配合学校教育，进行了爱国主义思想教育，启发儿童学习的自觉性与创造精神，培养了他们新的思想品质，不少的辅导员同志还摸索与创造了一些适合我国社会条件和儿童年龄特点的工作经验，所有这些成就，是应该肯定的，值得发扬的。

    少年先锋队的活动教育与学校教育目的是一致的，因而在工作上应该加强联系，密切配合。中央人民政府教育部与青年团中央委员会曾于 1950 年 7 月与 1952 年 12 月两次发布关于中国少年儿童队工作的联合决定。要求教育行政部门主动地关心和指导少先队工作，要将少先队工作列入自己的计划之内，并具体地帮助解决若干困难问题，要求少先队工作能更好地配合学校教育，帮助完成培养新的一代的任务。第二次全国少年儿童工作会议，也明确指出：培养教育新的一代，学校负有主要责任，少先队在这一事业中起着重要作用。学校要关心和指导少先队的工作，同时少先队在进行工作时，也必须明确学校是向儿童进行教育的主要阵地，少先队的工作，必须服从学校教育的任务，根据学校教导工作的意图和儿童的实际情况，组织各种适合儿童兴趣和要求的活动，更好地帮助儿童接受学校教育，完成学习任务。在这方面，各地也都在做，有的地方做得很好，如嘉定县团委能主动争取教育行政部门的支持和协助，县教育行政部门也能重视队的工作，将队的工作列入教育行政工作计划之内，做到与团委互相出席有关会议，交换工作上的有关文件等，这些经验是值得推广的。但有些地方教育行政部门与学校对少先队工作认识不足，因此没有很好关心与帮助少先队的工作，今后必须进一步认识"少先队是学校教育不可缺少的一个组成部分"，要更好地贯彻中央的联合决定。如总辅导员的减课问题，虽因目前小学人员编制较紧和学校条件不同，在班级不多的学校中，减课存有一定的困难，但我们应该从实际出发，本着实事求是的精神解决。学校中队的活动所必需的少量经费，可以在学校行政费内开支，不少学校缺乏儿童课外读物，我们将提请各地注意，在可能范围内，逐步添置充实。

关于少先队的活动教育，希望注意以下几方面：

第一，更好地关心少年儿童的健康与学习：关怀儿童，了解儿童，热爱儿童，这是少年儿童工作成败的基本关键。儿童是很敏感的，只要你能接近他，关心他，就容易接受你的教育。这次会议上的典型报告中，崇明县聚训小学队部辅导员耐心地替儿童治烂脚与伤口，深入儿童中了解情况，及时解决发生的问题，并经常访问家庭，全班43个学生，她曾与39个学生家长谈过话，最多的访问过六次。无锡市崇安寺小学中队辅导员耐心细致地采取正面教育、诱导的方法，帮助一个有偷窃行为的儿童改正了错误等。他们的工作所以有成绩，都是因为能做到深入了解儿童，热爱儿童，关心儿童。

毛主席提出三好，身体好是第一。第二次全国少年儿童工作会议上也明确指出，少年儿童工作的基本任务是培养儿童成为爱祖国、爱人民、爱劳动、爱科学、爱护公共财物，健壮、活泼、勇敢、诚实的新中国优秀儿女。健壮也就是身体好，因此必须注意健康问题，要养成他们的卫生习惯，要有一定的作息时间，要有充分的睡眠时间。有些学校有拼命赶作业的现象，辅导员同志要及时反映给学校及教育行政部门予以纠正。并要注意家庭访问，与家长共同来关心儿童的健康。

少先队要配合学校教育，大力引导儿童好好学习，组织各种适合儿童年龄特点、兴趣的活动，来丰富和巩固他们的知识，并启发他们的学习自觉性和积极性，使儿童懂得将来要建设祖国，今天就要用心学习，掌握知识。

第二，加强对少年儿童的爱国主义教育。少年先锋队要经常通过各种生动形象的活动，启发他们爱毛主席、爱共产党、爱祖国、爱人民、爱护公共财物的热情，帮助儿童逐渐熟悉领袖的生平事迹，以领袖为人民谋幸福、为共产主义进行英勇斗争的范例教育下一代，以英雄模范人物的事迹来教育儿童，激发他们树立崇高的理想和志愿。

第三，教育少年儿童热爱劳动。政务院指示已明确指出："小学教育是人民的基础教育。今后在相当长的时期内，小学学生毕业后，主要是参加劳动生产，升学的只能是一部分。"但由于旧社会的影响，在学生、学生家长，以及广大群众中，还存在着轻视劳动，"万般皆下品，惟有读书高"的旧思想。学校教育对劳动教育也还没有应有的重视，片面地强调升学的情况还没有改变。这个问题，必须求得解决。1954 年上半年我们将布置各市、县教育行政部门重视并做好这一工作，希望少先队密切配合，在少年儿童中进行热爱劳动的教育，特别是对应届毕业生，要结合总路线的教育，进行农业生产也是国家建设的一个重要的组成部分，在农业互助合作组织中，也需要有一定文化知识的人参加工作。小学毕业后不升学，参加农业生产，从生产中继续学习，从劳动中锻炼自己，这就可以对国家做出较大的贡献，自己也同样是有光明前途的。如写《把一切献给党》的吴运铎同志，他自己仅念了小学四年的书，可是由于他在实际工作中不断地提高，他就可以在专门学院担任机械系的机械制图的讲师。又如水稻丰产模范陈永康，他也替新中国增加了很多财富。这些事例都可以说明在实际工作中是可以不断提高的，小学毕业后，参加劳动生产，在劳动生产中贡献自己的一分力量，将来同样是有前途的。

第四，培养少年儿童们的集体主义精神。这是社会主义的新人不可少的品质。我们祖国正处在新的历史时期，我们的主要任务，就是以集体主义精神教育儿童，教育他们爱护集体利益，爱护公共财物，培养他们集体利益高于一切的优良品质。苏联的伟大教育家马卡连柯非常重视集体主义教育，"在集体中通过集体和为了集体而进行的个人教育"，这就是他的社会主义教育原则，是他的教育活动的主要基础。少先队是少年儿童自己的组织，可以更好地配合学校教育，通过各种活动，使儿童认识到自己是组织中的一员，认识到自己的目的行动与集体的关系，要教育孩子爱护集体荣誉，关心集体的利益，养成服从集体的习惯。

做一个人民教师、少先队的辅导员，他的任务是光荣的，也是艰巨的。加里宁在欢迎荣受勋章的乡村学校教师的晚会上说："请大家想想吧，国家和人民把儿童信托给教师们，要他们来教育这些按年龄上最容易受影响的人，信托教师们来培养、教育和造就这代青年人，也就是说把自己的希望和自己的未来全嘱托给他们，这乃是把伟大责任加在教师们身上的一种重托。"

最后，希望大家遵照朱总司令在第二次全国少年儿童工作会议上的指示，"以最大的热情来担负起这个工作，把我们新生的一代培养成为有健壮体质的、活泼、勇敢、诚实、爱劳动、爱学习、爱祖国和富有集体主义精神的人"，来认真教育祖国社会主义和共产主义的一代。

（原载于《江苏教育》1954年第5期）

教师应该对学生全面负责

　　几年来，青年学生的社会主义觉悟普遍提高，新的道德品质正在成长，广大学生中为祖国学习、为人民服务的思想有了很大的发展。许多学生都能自觉地努力学习，锻炼身体，贯彻毛主席"身体好、学习好、工作好"的指示。各级学校的教学质量，一般均较过去有所提高。在初步加强了劳动教育以后，大批高小和初中毕业生，投入工农业生产战线上去，成为一支重要的新生力量。学校中优秀学生大量出现，党、团、队的组织不断扩大，学生中热爱领袖、热爱人民解放军和人民志愿军，爱护公共财物、爱护集体、尊敬老师、遵守纪律、团结友爱，以及英勇救人、拾金不昧、尊敬和帮助烈属、军属与老人等各种各样的动人的值得赞许和表扬的新人新事，更是层出不穷，到处都可看到听到。所有这些情况，说明学校中共产主义道德教育的收获是巨大的，成绩是肯定的。这些成绩无可辩驳地说明新中国的青年、儿童在党和政府的关怀、爱护和正确领导下，正在受着共产主义的教育，迅速地成长为合乎祖国要求的"社会主义接班人"。这些成绩的取得，与青年团、少先队组织在学校教育中所起的重要作用，与学生家长和社会群众的多方面协助和配合是分不开的。而广大教师的长期不懈的辛勤教导，是取得这些成绩的极其重要的因素之一。

但是，我们还必须注意到另一方面的情况，这就是我们的学生中，还存在着思想不健康，纪律松弛和道德败坏的现象，有的地方甚至相当严重。最明显的如偷窃财物、侮辱妇女等腐化堕落现象，在学生中也有发生。迷信飞仙剑侠，幻想深山学道，甚至企图杀人犯罪等荒诞离奇的行为也曾发生过。至于在学生中由于自私自利、好逸恶劳，因而对升学就业问题缺乏正确认识，不能自觉地服从组织分配，不肯参加生产劳动，以及平时学习不认真，不遵守纪律，不尊敬老师，考试作弊，破坏公物，生活上自由散漫等现象，就又要多些。这些现象在旧社会和旧教育中是司空见惯的，但到今天，在我们人民教育事业中还存在这些与培养社会主义全面发展的新人的要求背道而驰的现象，我们认为是一个严重的问题，必须引起我们全体教育工作者的注意。

当然，在青年学生中产生这些现象，绝不是偶然的，而是有其社会根源和历史根源的。如旧社会的思想影响还依然存在，必然要在年轻一代中发生传染作用，我们的国家目前还存在着资产阶级，资产阶级的唯利是图的思想和腐朽的道德观点，也必然要在年轻一代中发生腐蚀作用。而社会上还残存着流氓分子，出售反动、淫秽、荒诞书刊的书摊和下流娱乐场所，更是直接地无孔不入地勾引青年，迷惑青年，导致他们走向腐化堕落的罪恶深渊。一部分青少年中的不良行为，便正是这些影响在青少年中发生了腐蚀作用的反映。肩负着培养青年一代成为社会主义新人的重任的人民教师，在这样的情况面前，是否提高了警惕？是否完全做到了对于职业流氓、盗匪、不法资本家从思想上、生活上、道德上，用各种各样的方法来腐蚀青年的罪恶行为，及时展开了不调和的斗争呢？很显然，我们在这方面是做得不够的，有缺点的。我们有些教师对自己的学生还没有做到全面负责，表现在他们"只管教，不管导"，只传授知识，而对学生的思想品质和行为则采取不闻不问的态度。我们学校教育中，是什么妨碍我们来顺利完成这一培养年轻一代成为全面发展的社会主义新人的光荣任务的呢？重要的问题之一，就是某些教师中间所存在的"管教不管导"的错误的想法和做法。目前虽然教师们已知道"管教不管导"的思想是错误的，但是必须注意到这种"管教不管导"的思想确实还在支配和指导着相当一部分教师的实际教学活动。有些人甚至在旧社会、旧教育中已养成这种习惯和作风。因此，这就格外有必要提出这一问题来，要求教师们切实批判和纠正这种错误思想和作风。

首先，我们必须认清所谓"管教不管导"实质上乃是一句骗人的谎话。个别教师正是在这句谎话下面，掩饰着自己的资产阶级思想以及某些不堪为人师表的行为，他们的借口是，"教书，我负责，其余问题与教学无关"。然而实际情况是否如此呢？无数的事实告诉我们：天真纯洁的青年们，不仅在课堂上向教师们学知识，而且随时随地学习和模仿教师们的一言一行。教师即使无意于"导"，却仍然不自觉地起着"导"的作用。而且教师言行的实际影响，有时比他们在课堂上讲授的感染力还要更大一些。这里我们只要回忆一下，在我们自己的青少年时代，教师的言行对我们自己的影响和作用，就可以知道了。因此一个优秀的教师，不仅是要在教学上很成功，同时也必须是具有优秀的道德品质，能"以身作则"地感染学生的人。一个道德败坏的教师，即使他满口讲"革命人生观""共产主义道德品质"，学生们是不会相信他的话的。而且这种言行反而破坏了进行共产主义教育的严肃性。我们常见到某些教师由于自己的行为不端正，因而同时便失去了严格督促检查纠正学生的不良行为的应有的威信。某些学校由于教师的作风不正派，所以学生的作风也往往更容易向坏的方面发展，就是这个道理。

其次，所谓"管教不管导"，还反映了某些教师怕对学生全面负责的思想。因为在这句话的掩饰下，某些人就似乎可以除了教书以外，不必再去关心学生了。在教学中也似乎可以照本宣读，千篇一律，毋庸联系当前的社会斗争、生产斗争、学生思想的实际了。目前教师中有些人不愿担任班主任；有些人虽然做了班主任而不能很好负责；有些科任教师，除了教课之外，什么问题都推给班主任去处理；甚至看到学生的错误行为，也采取自由主义态度，这些便是这种错误思想的具体表现。

在这里，我们必须首先弄清楚的就是教师的责任是"教人"，而不仅仅是"教书"。人民教师所以光荣也就是由于这个缘故。而"管教不管导"这个论调的严重错误，就在于它是反映着只管"教书"，不管"教人"的错误的思想。我们仔细想一想，如果一个教师只是教书，而不管学生干了什么，不关心学生在课堂以外的情况，以至于他所教的学生中竟有某些人成为不合乎祖国需要的人，甚至成为社会上的犯罪分子，这对我们从事教育工作的人来说，是一个何等辛辣的讽刺！纵然有些事情并不是由于我们直接引起的，但是每个有高度责任感的人民教师，必定会理解到只有把"人"——年轻一代的人——教好了，才是真正地完成了任务，而教书、上课只不过是我们"教人"的工作的一个部分而已，既不是全部要求，更不是最终的目的。

最后，我们还必须懂得在实际教学中，教与导也绝不是截然分开的，在很多场合下教育与教学的任务原是同时完成的。只要教师在教学中充分发掘教材的科学性、思想性，便不仅传授了文化科学知识，而且同时实现着培养学生的共产主义世界观和共产主义道德品质的任务。相反，如果毫无目的地机械地做所谓"纯知识"的讲授，这不仅不可能把教学任务完成得很好，而且这种做法本身就是在引导学生走向学习脱离政治的资产阶级的道路，因此是绝对要不得的。另一方面，如果离开教学，或不以教学为中心去"导"，则又必然流于零碎地而不是系统地去武装学生的脑袋。结果，教师们终日忙于枝枝节节地解决学生的个别思想和行为问题，而不能根本地在总的方面去提高学生觉悟，培养学生的革命人生观与共产主义道德品质。正因为如此，所以"教""导"分家，"管教不管导"的说法是完全错误的。

目前还有一些教师，一方面已经认识到"管教不管导"是不对的，全面负责是正确的，但他们还担心自己不会"导"，或者没有时间"导"。某些学科教师甚至还认为，如果自己也管"导"，那么级任教师如何分工呢？会不会侵犯级任教师的职权呢？这些意见的确是反映了目前学校中的一些实际情况和实际问题。要解决这些问题，教师们必须首先在思想上统一起来，这就是认识到共同对学生全面负责的正确性和必要性，共同彻底批判"管教不管导"的思想的错误和危害，然后在提高思想、统一认识的基础上来研究具体的解决方法，创造和积累经验，以逐步提高教育质量。目前有些学校有些教师，在各科教学中贯彻政治思想教育的工作，已经取得了不少成绩，有些班主任在学生中享有很高的威信，他们对学生的思想、品德、学习、生活和健康状况，真正做到全面的关怀，全面的负责。有些学校采用级科任联席会议的办法，把研究学生情况，研究如何结合学生实际进行教导的问题在级任和科任教师中统一起来。有些教师对犯有偷窃或其他错误行为的学生，进行了耐心的成效卓著的教育，把他们改造过来，成为一个很好的学生。所有这些经验，都应该很好地总结推广；还没有做好的教师，则应该向做得好的教师学习，而绝不应该因为困难，因为暂时还不会办，对这个根本问题产生错误的认识。

人民教师们，为了做好培养社会主义全面发展的新人的事业，就必须深入地贯彻全面发展的教育方针。每一个教师必须挑起对学生全面负责的担子。目前还有不少学校对学生的共产主义道德教育不够重视的状况必须改变；教师中的资产阶级思想和行为必须认真批评和纠正；学生中受反动、淫秽、荒诞书刊毒害，受流氓分子的影响的情况，必须坚决防止。而彻底地批判我们自己思想上存在的"管教不管导"的错误观念，则又是做好这些工作的关键。为了更好地培养社会主义的接班人，让我们和青年团、家长一起，共同为培养青年的共产主义道德品质而努力吧！

1955 年 5 月

（选自《吴贻芳纪念集》，江苏教育出版社 1987 年版，第 56—58 页）

妇女们，为了建设社会主义要努力学习文化

今天是"三八"国际妇女节，我们全省妇女都是以无比兴奋的心情来庆祝自己的节日。今天，正处在国内社会主义建设和社会主义改造事业蓬勃发展的高潮时期，也正是处在国际和平力量不断壮大，反殖民主义运动广泛开展的时期。因此来庆祝这个节日，有着更重大的意义。我借此机会，就妇女学习文化的问题，提供几点意见。

解放几年来，我们全省广大妇女与男子一样，参加了历次社会运动和国家的各项社会主义建设事业，在实际斗争中受到了教育和锻炼。我们的政治水平和工作能力都得到了提高。自去年下半年以来，我们妇女与全国人民一道投入了社会主义革命的高潮。目前我省农村 80% 以上的农户参加了合作社，城市手工业和资本主义工商业的社会主义改造也进入了新阶段。这些深刻的社会变革，给我们妇女的彻底解放创造了条件。毛主席在《中国农村的社会主义高潮》一书的按语中曾指示我们说："真正的男女平等，只有在整个社会的社会主义改造过程中才能实现。"因此，我们必须同全国人民一道，取得社会主义革命的全部胜利，来求得自己的彻底解放。

妇女的解放是包括了政治、经济和文化等各个方面的。我们在共产党和毛主席的领导下，政治和经济上已经得到了翻身，文化上的落后状态也在不断地改变。可是，由于我们过去受尽了反动统治的压迫，绝大多数的妇女是文盲或半文盲。这种文化落后状态，已经成了我们前进道路上的绊脚石，我们必须改变这种情况。

毛主席指示我们要在七年内扫除全国文盲。我们江苏省在全国来说，文化基础是比较好的，因此要求在五年内（争取更短一些时间）扫除全省文盲。我们占了人口一半的妇女，由于几千年来封建统治的层层压迫，因此妇女中的文盲比男子更要多些。如江浦县杨柳乡青壮年男子中的文盲占青壮年男子总数的80%，但青壮年女子中的文盲就占了青壮年女子总数的98.8%，几乎全部是文盲。因此要完成扫除妇女中文盲的任务是十分艰巨的。我们全省妇女一定要在这文化革命的运动中积极努力，争取用最快的速度完成这个光荣的任务。

那么，怎样才能完成这个任务呢？

首先要了解学习文化与建设社会主义的关系。大家都了解建设社会主义，必须要有文化科学知识。因为有了文化科学知识，就能够取得各种新的知识，提高生产技术，推动社会主义建设的迅速前进。在农村里的妇女，已经深刻地体会到，要办好合作社必须要有文化。例如记工算账、学习生产技术、推广先进经验，哪一项都少不了文化。在工业生产方面，要建设规模宏大、技术复杂的现代化大工业，也必须要有大量的专门人才和熟练的技术工人。作为一个普通的工人，也需要一定的文化科学知识，才能更好地劳动。所以我们现在正处于文化进军的时代，我们必须克服一切困难，来夺取文化的堡垒。我们在政治、经济上翻了身，在文化上也一定要翻身，争取妇女的彻底解放。

其次，学习文化应该有个正确的学习方法。这样，才能够获得更好的效果。根据过去的情况，影响妇女学习最大的困难是家务忙，孩子多，以致使学习不能经常坚持，学习效果不高。我认为这些情况确实给妇女学习文化带来了不少困难。但是只要下决心，想办法，这些问题是可以解决的。根据各地经验，没有孩子和家庭牵累较少的妇女，可以参加民校或班级学习。一般家庭负担较重的壮年妇女，可以组成小组学习。比方说，居住邻近的人组织起来，以四五个人为一组，每组配有教师，不拘形式地进行学习，学习时间也可以灵活些，有空时多学，没有空就少学，白天有空就白天学，晚上有空就在晚上学。至于孩子多和工作忙的干部，如果没有条件参加民校或小组学习时，也可以采取包教包学的方法，进行学习。有些地方开展了家庭识字，提倡儿女教父母，弟妹教哥嫂，以及夫妻互相教等方法，都是很好的学习方法，都可以推广。我们有了正确的学习方法，还必须要有一贯坚持学习和苦学苦练的精神才行。

第三，学习文化要有坚强的领导。我们各级妇女组织必须把领导妇女学习文化列入工作日程，向广大妇女宣传学习文化的重要性和必要性，让她们都能自觉自愿地参加学习。在学习过程中，注意培养典型，树立旗帜，推动大家学习。同时还要根据妇女的特点，帮助她们解决特殊困难，如帮助妇女安排家务争取学习时间和加强家庭和睦团结等。

乡村基层领导和合作社社务委员会也要帮助妇女解决学习中的具体困难，以便妇女的学习能够经常坚持下去。太仓县新生乡荣星二社为便于有孩子的女社员学习，民校里用门板拼了一张床，同时还发动妇女带了六个立桶。这样，每个妇女上民校时，就可把孩子带来，如果孩子睡着了，就把他放在床上，不想睡的，就站在立桶里，请50多岁的妇女做义务保育员。由于解决了孩子的牵累，因此，所有有孩子的妇女，都参加了学习。我希望各个地方的乡、社领导都能这样地关心和帮助妇女学习。

妇女们！向文化进军的时候已经到来了，我们希望识字的妇女要积

极地教人识字；已经参加学习的，要坚持下去，决心学好；还没有参加
学习的，应该积极地行动起来，参加学习。争取以最短的时间，使自己
能摆脱文盲状态，做一个有文化的人，更好地为国家的社会主义建设
服务。

（原载于《新华日报》1956 年 3 月 8 日）

团结全省中小学教师
进一步发挥革命热情和工作积极性
为建设社会主义而努力

——在江苏省中等学校和初等学校教师代表会议上的报告

同志们：

我们召开这次会议，是为了研究如何在全省中等学校和初等学校里贯彻执行中共中央关于知识分子问题会议的精神。在这次会议上，通过总结检查我们过去的工作，要求统一政策思想，明确奋斗目标，研究具体问题，发挥积极因素，达到团结全体教师，在党的领导下，发扬勤勉奋发的精神，加紧学习，努力工作，为完成党和政府交给我们的建设社会主义教育事业这一伟大、艰巨、光荣的任务而奋斗。

一

首先我们必须认清，随着社会主义革命高潮的继续发展和人民群众社会主义积极性的增长，党和政府交给我们教育工作者的任务是重大的。

本省现有小学 32 800 余所，学生 3 924 000 余人，比解放初期增长了 1.4 倍，计划在今后五至七年内，普及小学义务教育，在校儿童将达到 6 710 000 余人，学校数将达到 53 000 余所。目前受幼儿教育的人数为 70 000 余人。幼儿教育事业在解放前是很薄弱的，解放后才发展起来，今后还将有更大的发展，计划在 1967 年达到 5 490 000 人，80% 的幼儿可以入园，比现在的入园人数将增加到 78 倍以上。本省现有普通中学 446 所，学生 334 500 余人，比解放初期增长了 1.47 倍，计划在 1967 年，初中学生将比今年增长 4.67 倍，在校学生达到 1 880 000 余人，学校数将达到 5 000 余所，从现在的每万人中有初中生 67 人增长到 350 人；高中学生比今年增长 6.42 倍，在校学生达到 434 000 余人，学校数将达到 1 000 所以上，从现在的每万人有高中生 12 人增长到 81 人。本省现有中等师范学校 36 所，学生 13 300 余人，比解放初期增长了半倍以上，计划在 1967 年，在校学生达到 40 000 人，学校数将达到 46 所。本省现有中等技术学校 40 所，学生 25 400 余人，比解放初期增长了 3.4 倍。学生中的工农成分在不断增长，目前初中学生中的工农成分已达到 63%，高中已达到 43%，中等师范学校已达到 60%，小学生中的工农成分的比例更大。

为了提高劳动人民的文化水平和培养提高工农干部成为知识分子，解放后大力举办了干部文化学校、工农业余学校和工农速成中学，目前全省参加离职学习和业余学习的总数有 8 039 000 余人。为着满足国家建设的需要和人民文化生活不断增长的要求，我们规划分别在三年、五年、七年内基本上扫除干部、职工、农民、市民中的文盲，约 14 948 000 余人。扫除文盲后，将继续提高他们的文化，分别在七年、十年和十二年内，将机关干部中不到初中文化水平的，通过业余教育提高到初中或高中毕业水平。并有部分干部，通过夜大学和函授教育，学习与本身业务有关的大学课程一至三科。组织工人、农民、市民共 13 960 000 人进入业余小学，1 560 000 人进入业余初级中学，还有部分人进入业余高中。随着经济建设的迅速发展，教育事业建设的规模是很巨大的。

在加速发展各项教育事业的同时，还必须重视提高教育质量，才能适应社会主义建设的需要。在解放初期，教育质量很差，经过一系列的努力，教育质量已有显著提高，出现了许多"三好"学生。但是，仍然不够，今后必须进一步贯彻全面发展的教育方针，努力提高教育质量，为国家培养德才兼备、身体健康的社会主义社会全面发展的新人。

随着各项教育事业的发展，我们的教师队伍正在迅速地扩大，今后还将继续扩大。全省现有小学、中学、师范和幼儿教育的教师（职员数尚未计算在内）118 000 余人（缺中等技术学校数字），计划到 1957 年，将增至 144 000 余人；1962 年增至 231 000 余人；1967 年增至 295 000 余人。

这些就是我省教育事业建设的远景和我们的奋斗目标。

二

解放以来，我们遵照党对知识分子的政策，把原有学校首先予以接收维持，然后逐步加以改造，经过历次的政治运动、教学改革和通过各项经常工作，进行了一系列的政治思想工作和组织工作，把旧学校改造成为新学校，教师已成为工人阶级的一部分。为了保证党的方针政策在学校中得到正确贯彻，各地党委和政府不断地从其他部门中抽调党员干部到学校工作，以加强领导。我们并于 1954 年暑期和 1955 年寒假，在省委的领导下，前后召开了中等学校党员干部会议和中等学校领导干部会议，对加强政治思想领导，正确贯彻知识分子政策，都是起了积极的推动作用的。

几年来，我们在党的领导下，对教师的培养提高做了如下几方面的工作：

首先，积极地提高教师的政治觉悟。解放以来，我们组织教师参加土地改革、镇压反革命、抗美援朝、"三反""五反"等政治运动，参加思想改造的学习，领导教师学习马克思列宁主义的基础知识，批判资产阶级唯心主义观点，进行对"胡风反革命集团"和其他反革命分子的斗争，特别是通过我国过渡时期总任务的学习和宣传，使广大教师从各方面受到教育和锻炼，帮助他们提高了认识，使他们抛弃地主阶级和资产阶级的思想，接受工人阶级思想，明确社会主义的政治方向。

第二，采取了许多步骤和措施，提高教师的业务、文化水平，领导教师学习苏联先进经验，改进工作方法。经过批判旧教材，采用新的教学计划、教学大纲和教科书，帮助教师掌握理论联系实际的教学原则和教学方法等一系列的教学改革工作，召开教学经济交流会，编印教学经验小册子，编辑各种教学参考书，开办教师进修学院、进修学校、函授学校及教育行政干部学校，组织教育学讲座等，帮助教师提高业务水平和文化水平。从 1953 年起到现在，我们已通过离职学习的办法，培养了中等学校领导干部 158 人，正在训练的中等学校领导干部和教育行政干部 105 人；培养了小学领导干部 554 人，正在训练的 998 人；培养了工农业余教育干部 250 人；轮训了中小学教师 10 537 人，正在训练的 7 670 人；参加函授学习的有 13 419 人。编印教学经验和教学参考资料共 161 本。广大教师通过学习和实践，不但提高了业务文化水平，而且随着业务的提高，也不断地改变了他们旧的立场、观点和思想方法。

第三，逐步改善教师的生活待遇。解放以来，不断增加工资、公费医疗、清寒补助等福利工作，也都订出办法并付诸实施。从 1953 年开始到现在，教育行政部门计共拨付教师福利费 5 945 840 元。广大教师对我们的这些工作基本上是满意的，如有的教师感激地说："生我者父母，教我者共产党。""水平低，给我们提高，有困难，给我们补助，天冷还发烤火费。""如今的社会，对我们教师真是做到了'老有所终，壮有所用，幼有所长'。"

在团结、教育、改造原有教师的同时，又大力培养了新教师，其中已经有相当数量的劳动阶层出身的教师。

在党的政策和六年来祖国建设的伟大成就的强烈影响下，教师的面貌已经发生了根本的变化。特别是在社会主义革命高潮到来以后，有了更进一步的变化。

目前，教师的基本情况是这样：

一、在政治上思想上有显著的进步。根据各地材料，中等学校教师中的进步分子和中间分子占85%以上，初等学校教师中的进步分子和中间分子的比例更大。广大教师在历次政治运动中，都是积极拥护党和政府的政策和各项措施的，绝大多数人积极要求进步，要求学习马列主义，要求自我改造。特别是在社会主义革命高潮到来和中共中央召开知识分子问题会议以后，教师的政治热情和工作积极性更高，许多教师都订了自己的工作和学习计划，保证做好工作，教好学生，争取入党，争取在学术上有所成就，这些已成为群众性的要求。如镇江市中小学教师发起一个"提高教育质量，支援社会主义建设"的倡议热潮，徐州市中等教师提出了提早完成五年计划的倡议，这些都反映了教师们建设社会主义积极性的高涨。尤其是老教师，纷纷表示"老当益壮"，"还要献出晚年的力量，为国家培养新生一代"，并辛勤地帮助青年教师提高文化、提高业务。如目前就有很多对古典文学有修养的老教师，热心地帮助青年教师学古典文学。被吸收参加政治学习班、业务党校学习的教师情绪更高。党已批准了一批积极要求入党并具备条件的教师入了党，这对大家的鼓励更大。

二、在服务态度上有了很大的转变。教师为人民服务的态度已基本建立，一般都能勤勤恳恳、踏踏实实地工作，有较强的事业观念，能够把自己的劳动和祖国的社会主义建设事业联系起来。特别是农村教师，其中尤其是初等学校、社办和民办小学的教师，很多是在物质条件困难的情况下，勤俭办学，热爱儿童，获得了群众的赞扬，为今后普及小学义务教育，提供了有利的条件。对学生全面负责的热情普遍提高，学习苏联，钻研业务，改进教学的风气已经初步形成，并已做出了成绩。如大丰县刘庄小学教师许济川、南京市三女中教师女徐慧娟，都已有三四十年的教龄，对所担任的教材已教过多少次，已经相当熟练，但仍然虚心地刻苦钻研教材，努力改进教法，使教育质量不断提高，因而深受师生的爱戴。安亭师范老教师卫镜川，教龄44年，从未缺过课。无锡师范地理教师徐锦文自订报章杂志十种，自编索引，搜集图表和教学资料2 000多种，刻苦学习，教学成绩也是显著的。南大附中数学教师杨珮祥，他三年共计演算了数学习题7 700多题，每学期都有教学计划和经验总结，共计总结了五篇较为成熟的经验。崇明县实验小学教师仇锦堂，他对自然教学开始时很不熟悉，最后，终于克服了困难，找到了门径，在教学中能适当地利用实物、模型等直观教具，并运用参观、旅行等方式进行教学，现在他对自然教学已有一定的教学经验。他们所以能够勤勤恳恳、踏踏实实、积极钻研教学业务，是与他们具有较高的政治觉悟和正确的事业观念分不开的。

三、在教学改革工作上，已获得了一定的成绩。首先，根据中央教育部的规定，改革了卓越的教学制度和教学内容，实施了新的教学计划、教学大纲和采用了新教科书，大多数教师目前基本上已能掌握它的精神进行教学。批判了设计教学、自学辅导、儿童中心主义等反动的实用主义教育思想，发挥教师的主导作用，贯彻全面发展的教育方针，采用了新的课堂教学方法，广泛地运用了直观教学的原则，加强理论与实际的联系，比较彻底地改变了注入式的教学方法，教育质量有了显著的提高。目前已有不少中等学校开始实施基本生产技术教育，增设了新的课程，建立了教学实验园地和教学实习工厂，加强了实习和实验的工作，全省已有124所中学和师范的理化课做到分组实验，部分学校并且做到边教边实验。许多中等学校的语文教师，已经能够做到通过语言文学因素，贯彻政治思想教育。教师们正在积极学习普通话，并加紧学习古典文学，为从下半年开始的汉语和文学分科教学创造条件。此外，各学校已采用新的成绩考查办法并改进了学生的作息制度。所有这些教学改革的成就，不但保证了教学质量得以逐步提高，而且也提高了教师的思想水平和业务水平。在教学方法上也已积累了不少的经验。省里已总结了语文、数学等各科教学经验504个，推广了209个。各级教育行政部门和学校，也都总结和推广了不少的经验，如南京市教师总结的经验被介绍推广的共有200多个。特别在语文教学方面，中等学校总结了加强语言文学因素和通过语言文学因素贯彻政治思想教育的经验。小学总结了教学生字新词时运用儿童熟悉的事物比喻字形或拟声以便于儿童认识和记忆的经验，以及通过语文教学贯彻思想、品德教育的经验。苏州高中的语文教师最近又总结古典文学教学的经验。南京市第五中学已经初步地总结了在物理和生物方面贯彻基本生产技术教育的经验。苏州实小教师黄宝清创造了单班复式教学的经验，参加了有关单班复式教学书稿的编写工作，又创造了活页备课簿，解决了复式教学的备课工作中存在的困难。由于积累了教学经验，改进了教学方法，因而许多学校学生的学业成绩也就不断地上升，如启东县天汾初小从1953年起到现在，没有一个留级生。

四、在教具的搜集、制作和创造方面，各地学校都有很好的成绩，不但在数量上逐渐增多，质量上也逐步提高。如南京市教师自制教具达万件左右，其中较优秀的有500多件，属于创造性的有300多件。南京市五中自制的数学教具就有156件，其中一部分已由中国教师访苏代表团带往苏联作为礼品。最近，南京市六中数学教研组制成了"万能测量仪"和"立体几何万能教具台"，南京市三中物理教研组创造了"投影示波器"和"纵横波形成演示器",他们并和南京市教研室共同设计了"真空放电管"。徐州市中等教师学校自制教具有 3 000 多件。昆山县二初中自制生物标本及理化教具共 270 多种,灌云县板浦区苏光小学教师韩俊达制作教具,搜集生物标本 200 多件。这些教具和标本对改进教学提高教学效果的作用都是很大的。

由于教师们的努力,因此,较好地完成了为国家培养青年一代的任务。几年来,已为工农业生产和其他各项建设事业提供了大批的具有一定政治觉悟和文化教养的新生力量,并为高一级学校提供了新生来源。如高小毕业生从 1952 年到 1955 年有 868 000 余人,初中毕业生从 1950年到 1955 年就有 269 000 余人,高中毕业生有 37 000 余人,师范学校为小学和幼儿园提供的师资近 20 000 人。另外,为了支援兄弟地区的建设,仅 1954 年和 1955 年就动员了 11 000 余中、小学毕业生到兄弟地区参加工作。他们在各种建设工作岗位上,有了很好的表现。走入工农业生产战线的学生,由于他们能够刻苦学习,有的已成为工农业生产能手,并且具有创造性的才能,为群众所欢迎和赞扬。如如东县花园乡高小毕业生缪春莲参加农业生产,刻苦地学习农业生产技术,变荒地为良田,推广"皂矾水选种法",创造小麦增产的经验,因而被选为农业生产合作社的社长;青浦县高小毕业生朱全庚创造了保养耕牛的经验,两次被评为劳动模范,受到团省委的表扬和奖励,并出席了全国社会主义建设青年积极分子大会。参加工业生产的,如苏州市一中初中毕业生周顺得在振亚绸织厂当学徒工人,由于他虚心学习,在两个多月的时间里,即能全部地掌握生产技术,从事独立生产。

中等专业学校和师范学校的学生,专业思想已逐渐巩固,有些学生到工作岗位上表现得非常优异,不少人成为工作中的活动分子。许多家住江南的师范毕业生,分配到淮海一带工作,开始时因生活习惯不同,语言不懂,工作上存在着困难,但他们能够刻苦学习,克服困难,工作得很好。升入高等学校学生，在学习中的表现也都是良好的。

学生的爱国主义思想和共产主义道德普遍有了提高，在 1950 年和 1951 年的学生参与运动中表现甚为良好，去年征集工作，全省在校初中学生中，踊跃报告应征的占适龄人数的 97%。三年来，全省中等学校的学生中，不惜自我牺牲，救护老弱妇孺和抗捕盗匪的英雄模范事例不少，仅据省里通报表扬的材料即有 15 起之多，如最近苏州伯乐初级中学一年级学生王勇远，在苏州南门火警时，舍己救人，不幸牺牲的模范事迹，就可以说明目前学生共产主义高贵品质的成长情况。

从以上的情况来看，教师在政治、业务上的进步是显著的，教学成绩是很大的。这是当前教师的主要情况，也是我们工作的基本情况。我们应该加以肯定并尊重他们已有的成就。但是，工作的发展是不平衡的，教师的进步也是不平衡的。目前在教师部分中，还存在着如下缺点和问题：

1. 在教学工作中还存在着教育和政治结合不够，和生产脱节的现象，还存在着程度不同的资产阶级唯心主义思想。他们在课堂教学中贯彻社会主义思想还很不够，一般教师的生产知识还非常贫乏。必须克服这个缺点，教育工作才能适应社会主义建设的需要。

2. 还有一部分教师尚存在着不同程度的个人主义和自由主义的思想，内心还保留着一块个人主义的小天地，理论和实际脱节。还有一些教师的专业思想不够巩固，工作不够安心。还有些教师闹不团结，自高自大，轻视工农，轻视劳动。部分出身于地主、资产阶级家庭的人，其中还有的存在着与社会主义改造相抵触的情绪。另外，还有些教师仍然有严重的体罚学生等错误行为。这些错误思想和行为，都必须加以克服和纠正。

3. 在教师队伍中，还隐藏着少数的反革命分子和其他坏分子，他们仇视社会主义，伪装进步，暗中进行反革命破坏活动。有的利用课堂教学，散播反动的言论，毒害青年学生；有的奸污幼女，品质极端恶劣。如高邮县湖滨小学刘枚过去充当日汪特务和蒋匪军的政工人员，解放后混入教师队伍，在不到三年的时间内，被他强奸的幼女就有九人，遭他侮辱的女生达 17 人，被强奸的幼女身体遭受严重的摧残。赣榆县厉庄小学王士亮，逼迫学生偷东西给他吃，偷不到便拧耳朵，拳打脚踢，打得学生面肿耳裂，脖子和大腿上都有血痕，这是教师中的败类，为法纪所不容。我们对于这些反革命分子和坏分子，应该根据肃反的方针政策，严肃地加以处理。

所有这些问题，也反映了我们工作中的缺点。

三

几年来各级教育行政部门和学校行政在贯彻执行党的知识分子政策方面，已做了许多工作，成绩很大。但是我们的工作做得还很不够，特别是在新形势、新任务的要求下，更显得不够。目前存在以下主要的缺点和问题，急待克服和解决。

第一，有些同志对教师的信任和尊重不够，这是宗派主义的一种表现。解放以来，教师是受到党和政府的关怀、爱护，受到人民的尊敬的。但是在部分干部中，还存在对教师不够信任和不够尊重的现象。对教师的政治上的进步要求，申请入党入团，不够关心。对教师的教育、帮助少，批评、指责多，或者是对缺点不批评，优点也不表扬，教师们感到对他们的态度不诚恳，要求不严格。这些现象，只会损害他们的政治热情。还有少数干部以或多或少的成见来看教师，往往以教师的个别缺点、错误，夸大成为多数教师的问题，不加分析地把教师队伍说成"成分不纯""历史复杂""思想落后"。有的地方把优秀的教师调离了他的专业去当打字员、会计、管理员、营业员等，都说成是教师的出路，有些教师不愿意，干部还说"你们还想干一辈子教师吗？"以致影响他们专业思想的巩固。对教师的使用也存在保守思想和不妥当的情况。对一些业务能力强、有工作经验的教师不注重很好地安排他们的工作，充分发挥他们的作用。在人事调配上，没有原则和没有必要地随便调动教师的工作地点，使他们经常处在陌生的环境中，影响他们的工作和降低他们的积极性。教师一般都有很强的事业心，他们能在一个学校里服务几年、几十年，看到他的学生的成长，是最大的安慰和愉快。但是我们有不少同志并没有体贴到这种心情。还有少数同志存在着粗暴态度。在学校内部，有的同志对党外干部的职权，还不够尊重，使他们的工作感到困难。个别的区乡干部对教师还有粗暴行为。

以上这些问题的存在，主要是由于对中、小学教育在整个社会主义建设中的地位和教学的作用认识不足，对教师几年来的巨大进步估计不足。

第二，对教师的培养和提高工作做得不够。广大教师都要求在政治上和业务上得到提高。自提出"向科学进军"的号召以来，他们要求学习、提高自己的心情更加迫切，他们希望得到领导上经常的教育和关怀。但是我们在这方面并未能满足教师们的要求，存在着的问题是：

1. 对教师的政治学习与业务学习还缺乏长远的计划。学习的系统性，时间的合理支配（包括工作时间，学习时间）等问题都还没有得到很好的解决。在这个工作上目前突出的表现是领导落后于群众。有的教师说："学习不经常、不系统、片断零碎、不深不透。"有的教师说："领导上要求、布置多，检查、帮助少。"有些教师说："我们因为水平低，所以才要学习，因为要学习，备课又成了问题；因此就形成了'学不了，做不好'的现象。"学校订的规划往往没有保证，他们反映："学习规划条条都好，就是不兑现。"

广大教师都迫切要求学习政治理论，要求学习先进教学经验，要求我们帮助他们解决必要的图书资料等问题。他们说："形势发展这样快，不好好学习就要落伍了。"但我们对教师的这种心情体会不够，也没有给以充分的帮助与支持。教师反映我们在领导理论学习上有严重的形式主义，不解决实际问题，对他们的帮助不大。

2. 对有系统地提高教师的文化科学水平做得还很不够。如对业余进修学校、函授学校的发展存在着严重的保守思想，发展的规模小、速度慢，解决问题不多，在办理上也还存在不少问题，主要是质量不高。这样自然就不能够满足教师希望提高自己的迫切要求。

3. 我们对教师的劳动成果还不够重视。对教师的经验、创造和合理化的建议重视不够。有些同志对教师的经验总爱评头品足，做过多的挑剔。出发视察，发现和总结经验少，提出的缺点多。有些学校领导对教师的经验不注意总结和推广。对教师的创造和发明也不予支持，对教师提出来的合理化建议，采取冷淡态度。另外还有些业务水平不高的同志，他们害怕搞教学工作，不积极地去总结教学经验，他们不知道帮助教师总结经验不但对教师是个鼓励，同时也是自己学习业务的一个机会。因为自己不懂业务而忽视人家劳动成果，这对事业是损失，对人是不公平，今后这种情况必须改变。

第三，目前有些地方的学校，特别是小学校里还存在一些混乱现象，非教学活动过多。主要问题是：

1. 在配合中心工作上存在问题。学校对各个时期的中心工作应该配合，否则就会脱离政治，脱离实际。如目前农村搞丰产运动时，学校应搞好教学实验园地，结合有关课程，对学生进行农业生产知识、技能的教育，培养学生社会主义的劳动态度。如过去的生产救灾、防汛排涝等斗争中，很多学校和师生，都曾积极地参加，并出现了不少动人的事例。但是目前有一些"配合中心工作"的做法，并不如上面所说的那样，实际上是一种打杂。如有的地方硬叫学校停了课去"配合中心工作"，或停了课把校舍让出来演戏和开会，这样就严重地影响到学校教学工作的正常进行，给教学工作带来很大损失。

2. 有些单位不通过党委文教部（宣传部）或政府教育部门直接向学校布置任务，随意召集教师开会，会议一个接一个地开，给教师负担很大，也浪费了时间。还有一些与学校工作不相干的单位，也来找学校，只从他们的工作出发，要学校为他们服务，而不考虑到学校工作的影响，以致造成了不必要的忙乱。

3. 有一些教师的兼职过多（包括校内和校外），因而他参加会议就多，活动就多，影响教学工作。

4. 学校内部的会议多，会议长，作息时间不合理，有些学校把机关的工作制度搬到学校里去，不适应教师工作的特点。

第四，对教师的生活福利问题，关心还不够。解放以来，随着国民经济的恢复和发展，经过历年的工资调整及其他生活福利上的设施，教师的生活已有了不同程度的提高。广大教师对党和政府对他们的关怀、照顾基本上是满意的，但是我们的工作做得还是不够。主要问题是：

教师目前工资一般是低的，生活比较清苦。在工资方面的主要问题是存在平均主义和其他不合理的现象，违反按劳取酬的原则。对于分配到学校任教的大专毕业生和从小学调到中学工作的教师以及社会上知识分子被吸收到学校工作的教师，在他们见习期和试用期已满时，应该转正的也未及时给以转正，应该调整工资的也未予以调整。

在福利费的使用上，也有许多不合理的地方：①比较普遍的是手续繁多，层层上报，又层层削减，使许多教师的困难得不到及时解决；②有些同志在研究教师福利费时，不适当地附加教师的政治历史情况和工作情况等条件来决定补助与否；③在福利费发放的制度方面有些地方也不合理，如有些地区规定一年只使用两次，有些地区又把它在 12 个月里平均使用，这些使用方法都不适合灵活运用的原则，不适合临时救急和经常补助相结合的原则。另外还有个别同志凭个人好恶做出决定，以致有该补助的不补助，不该补助的却补助了的情况。由于这些问题的存在，形成了一方面是教师的困难得不到解决，一方面又是福利费大量结余上交的不正常现象。

对教师的健康状况关心不够，对有一些年老体弱和有病教师照顾不够，以致有的教师带病上课。有的教师，特别是小学教师生病时，因为医疗手续繁多，不能及时就医。

对教师的家庭照顾方面，我们也曾做了一些工作，如教师的夫妻关系，因服务的地区不在一处，要求调在一起或靠近的，我们曾与友邻地区、与有关部门联系，已经解决一部分。但因地区之间、城乡之间的文化程度上的不平衡，以及其他工作条件上的困难等等，有些问题一时还不能完全解决。我们认为这种情况，教师是可以谅解的。但是问题不在这里，问题是在于有些能解决的我们没有能及时解决，这是不适当的。

第五，最后一个问题是领导问题。缺点是：

1. 思想领导还很薄弱。主要是缺乏经常的、深入细致的、密切结合教学业务的政治思想领导。过去我们在组织教师系统地政治理论学习的基础上，深入进行资产阶级思想批判的工作做得很不够，特别是没有能够通过教学业务帮助教师逐步树立马克思列宁主义的思想，使教师能够以科学的、辩证唯物主义的观点进行教学工作。

我们对教学领导也很不够。还远远不能满足广大教师的要求。原则指示多，具体办法少，我们忙于行政事务，忽视教学工作的研究和指导。在工作中，往往不能把方针与实际工作密切结合起来，充分发挥方针对工作的积极指导作用。另外，深入学校实行国家对教学工作的监督我们也做得不够。建省以来，有一些省属中等学校，我们至今还没有去视导过。即使是视导过的学校，对教学工作也注意得不够。

2. 支持先进、奖励先进、总结和推广先进经验的工作做得也是不够的。我们对培养先进教育工作者，树立标准，推动前进的工作，重视不够。我们只是满足于一般号召，对学校报来的一些教学经验，未能全部地、详细地加以鉴定、研究和提高，并从中发现先进事例和先进人物，加以表扬和推广，往往采取冷淡态度，这就必然地要挫折教师的工作积极性。

3. 教育行政机构不健全，不能充分地发挥组织领导作用。有些县、市的科局干部配备不齐，还要经常配合中心工作，机关中常常只有一个会计看门，弄得有许多学校常年无人过问，形成"督学不督；助理不助"的现象。苏州区有个小学教师说："一人住孤庙，乡干走不到，区里没文教，县里管不到，中心小学传达三言两语就算了。"我们认为这位教师同志的反映，充分说明了我们过去对学校领导的严重缺点。

以上这些问题的存在，主要是由于我们工作上有缺点，没有尽到应有的领导责任。主要表现在下列三方面。

第一，贯彻执行党对知识分子的政策不够。在中等和初等学校中贯彻党对知识分子政策的缺点，正如中央所指出的，主要倾向是宗派主义，但是同时也存在麻痹迁就的倾向。过去我们在执行知识分子政策上，缺乏经常性、完整性和积极精神，平时政策观念不强，做的工作还不多。遇到发生了问题，才拿出政策，也就是常常表现为一种纠偏的情绪。在接受教训上，又过多地提出防止的一面，束住了干部的手脚，对于如何积极进行教师工作，却很少批示，结果弄得方向不明，使某些干部的顾虑很多，不敢大胆进行工作。对教师在政治上和业务上的进步，估计不足，突出地表现在认为"提高质量，目前师资条件还不够"，低估了他们的积极、进步和成就的一面。对知识分子，我们长期没有体会到这是一笔宝贵的财产，应在政治上给以信任和关怀，在感情上与他们亲密，从各方面无微不至地来关心他们。相反对他们缺乏足够的信任和支持。这是我们在教师工作上的主要问题。自中央召开知识分子问题会议之后，我们的头脑比以前清醒了，认识比以前提高了，进一步领会了党对知识分子的政策。但是我们的行动还不够，广大教师在周总理"关于知识分子问题的报告"公布以后，社会主义热情和工作积极性都很高，提出了不少的合理化建议和倡议书，期望我们积极地领导他们，而我们的工作，却停留在空泛的讨论上，停止在办公室里，缺乏实际行动和有效措施。教师们因为看不到我们的具体行动，着急起来了，有些教师说："社会主义革命高潮到来了，各项工作都在规划，我们的工作到底怎么办？"这是反映了教师的积极要求，同时又严正地批评了我们的右倾保守思想。

第二，长期未解决以教学工作为中心来进行各项工作的重要问题。学校的任务是教学，是把学生教育成具有一定政治觉悟和科学文化教养与身体健康的全面发展的新人。一切计划、措施都应紧紧抓住教学工作为中心。但是，我们在一个较长时间内，却不是这样做的，而是强调什么即抓什么，忘了中心要求是改进教学工作。自提出要抓教学工作的中心问题之后，我们又是空洞的动员多于实际的行动，拿不出具体的要求和办法，日子一久，旧口号不能起到组织和领导教师前进的作用。特别严重的是在社会主义革命高潮到来以后，我们在教学工作上的措施还是很少，只满足于搞规划。我们长期没有抓住以教学工作为中心来进行各项工作，使教师的积极性和创造性发挥不够，因而影响到教学工作的改进和提高。

第三，存在严重的官僚主义作风。主要表现在：首先是不了解情况，上面所揭露的问题其中有的是过去所不知道的，因而有些问题长期没有得到解决。其次，我们对待某些工作，采取了官僚主义的办法，如常将某项工作号召一下，一般地布置一下，却不检查进行情况，不检查工作结果，后面又有一个什么工作来了，仍然是一般的号召和布置，一件件工作布置下去，常常不问能否贯彻，有何结果。另外是经常地靠发文件办事，很少深入实际进行具体指导，抓住主要工作，加以反复研究、总结和提高，做出成绩。而是往往把一些工作不分主次地平均使用力量，虽然也是辛辛苦苦，但无大成绩。再次对已发生的有些问题，处理上不坚决，长期地陷在调查研究中。在官僚主义作风上的集中表现是：不了解真实情况，不认识形势发展的迅速，停留在老一套的工作方法和被动的处理问题上，不能够敏锐地及时地提出新问题和鼓励新成就，来组织和领导大家积极前进。

四

同志们！从上面所谈的情况，可以看出解放几年来我们的成绩是很大的，教师们的进步也很快。但是在我们思想和工作中存在着的缺点和问题，也是不少的。在社会主义革命高潮面前，我们相信，只要我们坚决依靠各地党委的领导，依靠群众的创造性的劳动，任何问题都是可以解决，任何缺点也是可以克服的。今后的问题是：如何加强我们的团结，更加充分地发挥全体教师的积极性和创造性，使我们能够更多、更快、更好、更省地来完成教育工作任务。关于这个问题，我们已制订了今后两年的工作纲要草案，提请大家讨论。这里，仅就今后工作中的几个主要问题，提出如下的一些意见，供大家参考。

第一，教育建设是社会主义建设中的一个重要组成部分。同时，教师在教育建设中占有重要地位，他们在教育工作中是起着主导作用的。

目前我国人民正满怀信心地进行社会主义建设。全体劳动人民正在为发展社会生产力，提高劳动生产率，发展国民经济，以满足整个社会经常增长的物质和文化需要而斗争。全国工人正热火朝天地开展先进生产者运动，92%以上的参加合作社的农民也正在以各种办法来提高产量，增加收入。但是，发展社会生产力，提高劳动生产率，除必须具有社会主义的劳动态度外，还必须要有科学技术和文化知识。不论工业、农业或者交通运输以至文教卫生等各个建设部门，都需要有各种专家和工程技术人员。在这方面，目前无论在数量和质量上，都是十分不够的。而初等、中等教育乃是高等教育的基础，我们首先要有广大的一般知识分子，然后才能有更多更好的高级知识分子。同时，我们还必须提高工人农民的科学文化水平。因此，摆在我们面前的任务，是随着整个社会主义革命运动的不断高涨，以便在不很长的时期内，改变我国文化落后的状态，把我们伟大的祖国建设成为一个有高度文化和科学水平的社会主义国家。而在这个文化革命中，学校教育是一个重要阵地，它负有培养大批人才以适应国家建设的需要的责任。

既然学校教育在整个社会主义建设中有其重要的作用，那么，学校教育要靠谁来办呢？没有疑问，离开教师是不可想象的。正如其他各项建设事业一样，没有人，没有人的积极的和创造性的劳动，任何建设是不可能实现的。教师在学校中负有完成教学计划的责任，负有向学生系统地传授科学文化知识和培养学生共产主义道德品质的责任。他们是在长期地从事一种特殊的脑力劳动。教学的政治业务水平愈高，工作得愈有成效，学校教育质量也必然会愈高，教育工作任务也必然会更多更好地完成。我们祖国未来的一代都将是全面发展的新的一代。任务是十分艰巨而明确的。但是，如前面所说的，我们有些同志却看不到教师的这种作用，因而也就不尊重他们的劳动，不注意从各方面发挥他们的劳动积极性和创造性，这是什么缘故呢？我们认为，这是因为这些同志对党的事业缺乏完整的认识，对知识分子的特点缺乏正确的理解，低估了教师的作用和他们几年来的进步。

自中华人民共和国成立以后，广大教师在党的教育下，政治上思想上都有很大的进步，绝大多数教师都愿意在党的领导下为人民教育事业贡献出自己的力量。这从教师在历次政治运动中的表现，从社会主义革命高潮到来，从周总理关于知识分子问题的报告公布以后，各地教师普遍欢欣鼓舞，积极要求进步，要求参加党，要求提高自己，要求做好工作，要求献身于社会主义革命事业的热情，从许多人已经取得了显著成绩中可以证明。我们必须认识，旧中国知识分子在旧社会经历较多，就不可避免地要从旧社会带来某些缺点，这些缺点只要经过党的启发教育，他们的觉悟一经提高，就会迅速地加以改正的。

教师是在党和国家的委托下，担任着对我国年轻的一代进行教育的光荣任务的。教师的劳动是与我国的社会主义和共产主义的建设密切相连的。他们在过去的革命运动中曾起过一定的作用，在今后建设社会主义的事业中将起着更重要的作用。周总理说："我们发展社会主义建设，除了必须依靠工人阶级和广大农民的积极劳动以外，还必须依靠知识分子的参加……依靠工人、农民和知识分子的兄弟联盟。"我们必须深刻地领会周总理的这些指示，深刻认识和贯彻执行党对知识分子政策的重要性和必要性，端正自己的态度，团结全体教师，为党的教育事业而共同奋斗。

另外，我们还希望全体教师同志也能够认识到人民教师责任的重大。继续提高政治思想水平和业务水平，继续发扬勤勤恳恳、踏踏实实的工作作风，在社会主义建设的崇高事业中显示更大的作用。

第二，加强对教师工作的领导，加强工作中的计划性，正确地、进一步地贯彻执行党对知识分子的政策。

加强党和政府对教师工作也即是对学校工作的领导，是发挥教学积极性、创造性，做好学校工作的重要关键。我们要求各地党委加强对学校工作的领导，要求各级教育行政部门、各个学校，必须在各地党委领导下，认真贯彻执行党对知识分子的政策。

加强领导，首先是指加强对教师的政治思想领导。我们的学校是社会主义的学校，是关系到祖国的今天和未来的一个伟大事业。必须努力提高教师的马克思列宁主义思想，批判资产阶级思想，以正确的观点教育学生，使我们的学校充满着共产主义精神和社会主义革命蓬勃的朝气。加强政治思想领导除必须加强教师的时政和理论学习外，还必须从多方面关心教师，特别是要通过业务多和教师接触，做教师的知心朋友。关心教师的生活福利。我们的政治思想工作不是教条，它必须同业务工作、同生活紧密联系的。

加强领导还必须加强对教师的教学业务领导。其中最主要的是要经常注意发现、总结和推广教学工作的先进经验，培养先进人物，支持合理的倡议与发明创造。只有善于发现先进事物的人，才能始终站在群众前面，带领群众不断地把工作推向前进。几年来，我们的教师已积累了不少的教学工作经验，我们应该加以总结，把零碎的不完整的经验总结成为系统的完整经验。加强对教学工作的领导，还必须加强对教师业务学习的领导。在这方面，我们必须坚决克服学校的某些混乱现象，为一些教师解决时间问题。同时希望工会协助学校行政，帮助教师解决学习资料等问题。

我们还要加强组织领导。各级教育行政部门及工会和团的组织，应注意工作中的计划性。关于学校规模的发展，教育质量的提高，培养和提拔干部，提高教师政治业务水平以及教师的福利工作等等，必须有长期的全面的规划。但这是一项重要而复杂的工作，必须做全面的调查研究，发展群众，根据主客观条件实事求是地进行。加强组织领导还必须认真执行请示汇报，注意督促检查，学校党的组织还必须严格遵守集体领导的原则，有关方针原则及重大事项，都必须经过集体讨论，防止和反对个人独断专行。

第三，培养提高现有教师，扩大教师队伍，以适应我省教育事业发的需要。

随着国家的社会主义建设的发展和人民对文化生活的需要，本省中小学及其他各类教育事业将有计划地加快发展。就目前情况来看，不论在数量或质量上都不能满足这个发展的需要。解决这个问题的办法，除充分发挥现有教师的潜力外，还必须扩大我们的教师队伍。

培养提高教师的办法很多，但主要的办法是业余进修的办法。为了迅速提高教师的业务水平以满足形势发展的需要，必须认真组织在职学习，依靠原有教师培养新教师，同时要领导教师正确地向科学文化进军。这是一个切实可行的有效办法。

扩大教师队伍有几个来源，各级师范学校毕业生是来源之一。但我们还可以把有教学能力的学校职员调做教学工作，还可以从低一级学校选出有能力的教师调到高一级学校任课，还可以吸收社会上能担任教学工作的，或者通过一个时期训练就能担任教学工作的知识分子充任教师，用这些办法来解决师资不足的问题。

为了提高教师质量、扩大教师数量，办好各级各类师范学校，扩大师范学校的规模，提高师范学校的教育质量是非常必要的。我们必须在初、高中毕业生中，宣传党对知识分子的政策，说明教师在社会主义建设中的作用和光荣，动员他们投考师范学校，以满足师范学校招生的要求。同时在教师的调配上也要注意师范学校教师的质量。我们还必须向人民群众进行宣传，造成尊重人民教师的风气。

同志们，如前所述，我们的任务是重大而艰巨的。我们国家各方面的事业都有巨大的发展，我们教育事业必须适应祖国建设事业发展的需要。这是我们每个到会同志的责任，我们完全有条件来更多、更好地完成这个任务。只要我们不骄傲不自满，坚决地贯彻执行党对知识分子的政策，动员和发挥全体教师的力量，把广大教师紧密地团结在党的周围，同心协力，团结一致，任何困难都是可以克服的。我们要求全体到会同志认真讨论各方面的工作，充分发挥各方面的积极因素，克服缺点，为贯彻党对知识分子的政策，办好我们的学校，努力为社会主义建设服务而奋斗。

（原载于《江苏教育》1956 年第 12 期）

目前教育工作的主要情况和问题

我们的教育工作虽然有一定成绩，但是缺点和错误也很多，有的还相当严重。现就扫盲、小学、教师工作、经费问题四个方面来检查我们的工作。

根据实事求是和积极稳步的精神，重新修订扫盲规划

半年多来，我省扫除文盲工作是有很大进展的。到今年 6 月份为止，全省城市职工、居民和农民入学人数达 801 万人（其中职工 25 万人，农民 733 万人，市民 43 万人），据不完全统计，半年来扫除了文盲 25 万余人。数十万识字的人和知识分子参加了扫盲工作。全省范围内群众性的扫盲运动已初步形成。扫盲工作在农业的社会主义改造工作中发挥了积极的作用。如苏州专区使 68 万社员学会了记工分，并培养记工员 47000 余人，该专区现在有武进县丁家湾村等 21 个自然村已经基本上扫除了文盲（扫除文盲 70% 以上）。无锡县雪浪农业生产合作社已经全部扫除文盲。

但是，在扫盲工作中还存在着比较严重的缺点和问题。首先表现在扫盲规划要求过高过急，我省原规划在五年内扫除文盲，但县市一般要

求在二年、三年内完成。由于要求过高过急，工作中就产生了强迫命令和形式主义的做法。动员入学的人数虽较多，但学习组织不巩固的现象比较严重。有些地方强迫群众识字，如太仓县曾设立了拦路识字站200多个。有的地方曾把不参加学习的职工看成是落后分子，甚至规定凡不参加文化学习的都不能评选先进生产者。有些人住地离工作地点有五六里，也要一律到工作地点参加学习，弄得职工过于疲劳，影响生产。

在教学工作方面，也没有很好地适应工农群众业余学习的特点，按实际情况办事。党中央和国务院指示我们，农村扫盲工作必须根据"不忙多学，小忙少学，大忙放学"的原则进行。但有些地方却不恰当地提出了"不忙突击学，小忙抓紧学，大忙不放学"的做法。有的地方在夏收大忙时期也强调集中上课，影响了生产。有的地方违背了教学工作中循序渐进的原则，开展了"扫盲突击月""百日千字运动"。甚至要求统一进度，每天要教两课书，结果是速而不成，"回生"现象严重。

产生这种缺点和错误的原因，主要是我们思想方法的片面性，只看到社会主义建设和农业合作化运动的需要，而没有看到实际的可能。在批判右倾保守思想的时候，脑子发了热，不问条件地认为扫盲速度越快越好。另外，我们工作作风不深入，对实际工作缺乏深入全面的了解和具体的分析。同时我们的群众观点也是不强的，没有耐心倾听下面干部和群众的意见，及时来改进我们的工作。

现在，我们已着手进行调查研究，根据实事求是和积极稳步的精神，重新修订扫盲规划。根据中央的指示，在职工、农民、市民中间分期分批地扫除文盲。我们的初步意见，全省扫除文盲的年限推迟为七年。但是，我在这里特别指出：扫除文盲工作在1953年批判了急躁冒进以后，曾经长期存在着消极保守思想，产生了踏步不前的偏向。有些地方甚至采取了取消不办的错误做法，现在决不允许这种错误重演。扫盲工作中的问题虽然很多，但运动基本上还是健康的。各地必须根据具体情况作具体分析,哪些地区冒进了,哪些事情冒进了,就在那些地区、那些事情上进行适当的纠正,不能笼统地一概加以否定。同时也要看到,在我们工作中仍然有着落后的地方,有些地方发动入学还有不足。例如组织乡村干部学习的问题,各地普遍注意不够,存在着畏难情绪,认为他们工作多,生产忙,无法组织学习。乡、社基层对扫盲工作的领导一般还较薄弱,识字教学工作的成效还不显著,这些都要积极努力加以改进。这样对工作才有好处。

总之,半年前我们批判扫盲工作中的保守思想和现在批判某些方面的急躁冒进情绪,都是为了把扫盲工作放在适当的位置上,让扫盲工作能够正常地健康地发展,有效地为农业的社会主义改造服务。

注意发挥地方和群众办学的积极性,克服教育事业中的右倾保守思想

最近一年以来,克服了过去在数量上发展缓慢的情况和不重视依靠群众办学的现象。江苏省素称全国教育事业发达的地区之一,但由于1952年到1955年这段时期内,发展缓慢,1955年全省在校学生只有392万人,占学龄儿童的74.7%,落后于1955年全国平均在校学生占学龄儿童的75.7%的水平。在办学的方针上,1952年以后只强调政府办学,忽视群众办学的积极性,对群众自己办学,未能予以积极支持。1955年省文教工作会议以后,特别是全国农业发展纲要(草案)公布以后,纠正了小学发展方面和依靠群众办学方面的保守思想,并在实际行动中取得了一些成绩。例如:规划全省在五年内基本上普及小学义务教育,在七年内普及小学义务教育;1956年小学新发展学生35万人;部分地区依靠群众解决了学校危险房屋的修缮和改善了学校设备极端简陋的情况。这些都是必要的和正确的。但是由于我们对下面的实际情况了解不够,对农业合作化后农业社在目前的实际负担的可能性估计不

足，又产生了急躁冒进的偏向。要求今年农村新发展的小学，绝大部分由农业社办理，并且计划今年每个区试将一个公立小学改为社办小学。今春以后各地新发展了一批社办小学，有的地区已个别地进行将公立小学改为社办小学的试点工作，这些社办小学，除了少数办得较好外，由于农业社在执行"勤俭办社"的指示后经费方面尚难支持，这就造成这些学校和教师的困难。在这种情况下，我们的头脑才开始清醒，才停止了将公立小学转为社办小学的试点计划，将个别地区已转为社办的小学仍改为公办，对于新创立的社办小学教师的工资给了一些临时的补助，最近并呈请省人民委员会批准将现有的社办小学从下半年起整顿接办，并确定在今年以及最近几年内除了极少数农业社外，一般小学都由公办。各位代表，我认为有一点很重要，由于教育事业发展很快，也就带来了物质设备等种种困难，如有些学校的设备很是简陋。要解决农村今后新发展的学校以及现有的小学房屋和设备上的困难，当然政府要尽一切努力，但是，为了使我们的子女能够更好地在学校学习，全省的人民群众也都应该关心这件事，并协助政府予以解决。

另外，在教育质量方面，一年以来，由于实施了新教学计划，减轻学生过重负担，开展教学研究活动，改进体育教学，实施小学生守则，学生的知识质量有了提高，健康情况有所改善，学生的新品德也成长得较快。但小学生的留级比例，仍然相当大，特别是农村单班、复式学校，这是和我们对农村小学特别是单、双班的小学的领导和重视不够分不开的。有的小学教师说："一人住孤庙，乡干走不到，区里没文教，县里管不到，中心小学传达三言两语就完了。"这反映了我们对农村小学领导的实际情况。这种情况，我们必须纠正。

从上面所说的情况，七个多月以来，我们在小学教育方面，虽也做了一些工作，但我们工作中的缺点和错误是严重的。

提高师资质量，关心教师生活

教育工作，首先是教师工作，在这方面总的说基本上是保证了事业发展的师资供应工作。1955 年下半年至 1956 年上半年，共轮训中学和教育行政领导干部 263 人，小学校长 1 552 人，工农教育干部 250 人，训练中学教师 1 265 人，小学教师约 5 000 人。中、小学教师参加函授学习的 13 419 人，基本上保证了教育事业发展的师资需要，师资质量有了一定程度的提高。在教师工资待遇方面，今年省内遵照国务院和教育部的指示即将进行工资改革。中学教师平均工资增长 16.6%，即由48.54 增加到 56.11 元；小学教师平均工资增长 30%，即由 30.99 元增加到 40.30 元。按照这个标准，本省教师的工资待遇将有较多的提高，以后随着国民经济的发展，教师工资还会不断提高。

人事工作上存在的缺点，主要的有两方面：

（1）在吸收社会知识分子参加工作问题上，我们基本上是重视的，一年来已吸收社会知识分子和往届高、初中毕业生培养为中学教师 236人（不包括各地吸收数），培养为小学教师约 5 000 人。下半年确定再吸收 1 000 人培养为中学教师，但我们对社会知识分子的吸收使用还不够大胆，挑剔较多。具体反映在对待他们要求参加工作的来信来访问题的处理上，还不够认真负责，层层照转，没有做到"事事有交待，件件有着落"。有些可以吸收参加工作同时又为工作需要的，还没有吸收使用。存在以上问题的基本原因，在于我们对动员一切力量参加社会主义建设的精神领会不足。今后将根据工作需要会同劳动局，通过一定的组织审定或考试的办法，继续吸收有条件的社会知识分子参加教育工作。

（2）关于中、小学教师的福利工作，我们还关怀不够，工作不细致，不深入，福利费的使用还有许多不合理的地方，尤其是手续过繁，不能及时帮助教师解决困难。关于教师休假问题，暑假期间，有些地方举办了教师休养所，组织教师到各地休养、游览，教师们是满意的。但也还有些地方没有保证教师在暑假期间得到充分休息。对教师的家庭、夫妇关系照顾问题，我们曾做了一些工作，今年省与省接洽调动的有684人，其中已确定调动的有250人，各市、县直接处理调动的人数也很多，仅南京市因照顾而调动的就有450人。所有教师的家庭关系、夫妇关系的照顾问题，目前要完全得到解决还是有一定客观困难的，本位主义，片面强调工作需要，使一些应得到照顾而没有得到照顾的情况也是存在的，这种人为的困难，我们一定要设法克服。

今后，关心教师的福利工作，主要通过以下几方面研究改进：

（1）积极地、及时地、合理地使用福利费，简化请领手续。对教师的特殊困难，主动地帮助解决，并注意多举办教工招待所、教工托儿所等集体福利事业。

（2）切实解决教师的夫妇关系照顾问题，使他们能在同一地区工作。各级教育行政部门和学校领导，必须克服本位主义，积极进行此项工作。

（3）关心教师健康，保证他们必要的休息时间。

发挥各级教育行政部门和学校当家理财的积极性，精打细算，厉行节约

1955年全省教育经费决算数为7 905.8万元（教育厅主管部分，以下同），占预算数的93.7%。另据不完全统计，中学杂费收入195万元，保留未用；小学杂费收入1 494万元（包括上年结余207万元），用去76.3%。经费使用的结果，基本上保证了事业的需要。全省新建和扩建的校舍面积达14万平方米，还拨出危险房屋修缮费87.5万元，设备费183.3万元。另据不完全统计，各地还从小学杂费中拨出661.9万元用来修建校舍和改善设备。

缺点是我们片面地贯彻节约方针，把有些不该节约的也节约了。如一方面福利费有结余，但另一方面有些教师的困难却得不到适当的解决；一方面助学金有结余，但另一方面有些学生却因困难而半途退学；一方面小学杂费有结余，甚至有些市、县调作其他用途，如建筑机关礼堂、办公室等，但另一方面小学校舍设备却十分简陋，不仅影响健康，并且历年都有房屋倒塌事故发生。

为什么会产生这种现象呢？检查起来，主要是我们在贯彻节约方针当中带有片面性，对师生的生活关心不够，对教学的需要没有很好地保证。其次是我们管得过多、过细，再就是，制度订得过苛过严，财政部门也管得太死，使有些经费难于使用，如小学杂费到秋收以后才能收齐，需要用钱时，没钱用，等到有钱时，又快到年终，用不出去，而财政上又不给调度。这些问题，都亟须解决。

1956 年全省教育经费预算数为 9 316.3 万元（指财政拨款部分，包括地区自筹 1 759 万元），比上年增加 10%。但从事业的需要来说，显然是不够的。为了争取平衡，我们一方面在财政拨款范围里精打细算，采取降低定额和发挥现有设备潜力等措施，力求少花钱多办事；另一方面要将中小学杂费全部利用起来，共计动用中学杂费 495 万元，小学杂费 1.74 万元（均包括上年结余）。从上面的情况来看，1956 年的教育经费预算是比较紧张的，我们的任务就是既要保证事业的需要，又要不突破预算。因此必须在党和政府的领导下，发挥各级教育行政部门和学校当家理财的积极性，精打细算，厉行节约，为完成这个任务而努力。

对于教育经费的管理，今后应加强预算执行情况的检查，既要防止浪费又要防止积压。同时还要注意如下几个方面：

（1）保证及时发放工资。最近个别地区因小学杂费收不上来，扣发小学教师工资，这是极端错误的做法，应当立即加以纠正。

（2）合理使用福利费和助学金，切实解决师生的困难。这里要谈一谈助学金的比例问题。按照教育部的规定，今秋本省助学金的比例，高中应降低 3%，初中应降低 4%，我们已作了布置。但根据各地反映，目前学生尚有困难，且本省原来助学金的比例就比中央规定的低，不宜降低过多。因此现在决定高中不降，初中只降 2.6%（平均数）。对灾区则一律不降。经费有可能的地区，还可适当放宽。我们估计这笔经费，如果能合理使用，是能够解决很多学生的困难的。

（3）逐步改善小学校舍设备条件。目前先要摸清情况，订出规划，再根据经费可能逐步解决。为了解决经费来源问题必须加强小学杂费的管理，使小学杂费"收之于学生，用之于小学"，我们建议财政部门照顾到收费的季节性，在财政上给予调度的便利。

此外，对于中等以上学校的教学设备也应逐步充实。对于教师住宅问题，过去我们重视不够，今后应有计划有步骤地积极地来解决。

以上所述，是我们教育工作存在的主要缺点和问题。但，另外还有两个问题，除我们本身要努力外，还必须要得到各方面的配合与支持才能解决的。

（1）某些干部对小学教师的尊重不够，对教师的劳动是一种特殊劳动的意义认识不足。旧社会轻视小学教师的影响仍相当广泛地残留在人们的思想意识中。自从周总理关于知识分子问题的报告发表后，省及各地也先后召开过知识分子问题会议，并已引起普遍重视，但仍然有些干部对小学教师不够重视。也有的人认为小学教师不是知识分子，谈不到要贯彻知识分子政策，听说在小学教师中贯彻知识分子政策的问题感到奇怪和不耐烦。如有一个地方要赶一位小学教师搬房子，原因据说是"为了贯彻知识分子政策，把房子让给中学教师住"。

对教师的劳动认识不足的另一种表现，有些地方把优秀的小学教师调去任煤建、油脂、百货公司的采购员、记账员，新华书店的营业员，合作社的会计等，却认为是对小学教师的"提拔"。

以上这些，都是对教师的尊重和认识不够而产生的。没有认识到教师的工作是繁重的，担负教育下一代的责任是重大的，应该受到人们的尊敬。我们要求各方面、各阶层都能帮助我们解决这个问题。

（2）目前学校中的混乱和忙乱现象又开始严重起来。学校工作是以有严密的工作计划和系统教学为特点的。混乱现象的发生，经常打乱学校的教学计划，使学校很难按照自己的计划进行工作，这就直接影响到教学质量的提高。

产生混乱和忙乱现象的原因有两方面：一方面是从学校外部来的。不少单位直接向学校布置工作，召集教师开各种各样的会议。据南京市调查；有一个小学在五月份共收到 52 件通知，其中区文教科和区团委共发 19 件，此外卫生所、邮局、人民银行、文化宫、电影院等 21 个单位都直接向该校布置各种工作。医疗卫生单位给学校提出的任务非常繁重，如打预防针、点砂眼、治蛔虫、检查各种疾病等等，都要教师填表、发药、汇报效果。电影院要教师搜集学生对影片的反映，食品公司还要他们帮助推销糖果。这些活动中最花时间的是收费，电影费、检验费、打蛔虫药费等有 12 种之多。各种费用学生三分、五分地缴纳，教师就得一笔笔地记账。有一个教师因此推广他的"先进"经验，就是用 12 个空香烟盒分装 12 种费用放在九个口袋中，以防弄错。学校行政干部和兼职较多的教师负担更重。这种情况当然只是在城市的比较多，可是乡村某些学校的外来混乱现象，也很严重，只是特点不同。根据我们最近检查，有些农业社和乡村干部任意借用或占用学校校舍、校具，并乱拉教师做其他工作的情况也是很严重的。如宜兴县有个农业社，在小学里盖了猪圈养猪，并准备把该校的礼堂改做仓库，在教室门口的天井里搭牛棚；盐城县楼王区有个初小的教室，上学期开学时被农业社占做办公室，教师提出意见时，农业社干部反指责教师"脱离生产，脱离政治"。

混乱和忙乱现象的另一个来由，是学校本身会议多、活动多、认识不统一等。我们已做出决定，要中学少开会议，不开无准备的会议，提高会议质量，并要求各县教育行政部门，对小学也采取相应的措施。

为了使学校能够正常地进行教学活动，我们希望各级领导、各有关单位都能重视帮助我们克服这些混乱现象。向区乡干部和广大农民进行宣传，使他们懂得：学校是培养国家建设人才和提高人民文化水平的场所，是社会主义建设事业中的一个重要部分。大家应当关心学校工作，并积极给予帮助，不要随意向教师布置工作，以使学校工作得以顺利开展。

各位代表，我们在教育工作上虽然取得了一定成绩，但是，正如刚才我所讲过的，却还存在着许多缺点和错误。希望各位代表和全省人民经常给我们提出批评和意见，督促和帮助我们克服缺点，解决困难。因为我们的教育工作，与各阶层的人民、各方面都有联系，做好教育工作，当然主要靠党和政府的领导以及广大教育工作者的积极努力，但如得不到各方面的支持与帮助，那仍然是有问题的。所以我特别希望各位代表和各有关方面，帮助我们克服学校中的混乱现象，帮助我们解决学校中的物质困难，帮助我们在社会上进一步树立尊重教师的风气，使我们能够顺利地完成国家和人民交给我们的光荣任务。

1956 年 8 月 20 日

（在江苏省人大一届一次会议上所作的报告，选自《吴贻芳纪念集》，江苏教育出版社 1987 年版，第 61—65 页）

致函在美留学生

亲爱的朋友们：

近来我碰到几位新从美国回来的留学生，他们像久别的子女重回到母亲怀里一样，心中有说不出的快乐。祖国在突飞猛进中，千百种事业都伸出手来等待人才，他们都已愉快地按着自己的专长走上了工作岗位。他们所感到遗憾的是，原来远处异国时，对于祖国的情况是多么隔膜呀！他们的谈话教我想起了你们，我想关于祖国情况的报道，哪怕是一鳞、一爪，你们一定喜欢听的。

你们是在解放前离开祖国的。离现在至少已经七八年了。在七八年中，祖国的建设事业，发展得真是快呀！在开头，像我们一些稍稍上了年纪的人，并不相信我们这样一个落后的中国，是会飞快发展的。但是事实鼓舞了我们，由不得我们不兴高采烈地，投入这个建设浪潮中了。

解放后经过三年的经济恢复，从 1953 年起我们就开始了发展国民经济的第一个五年计划。今天，工矿企业在祖国的领土上已遍地开花，我们在报纸上，每天可以看到大小厂矿的施工或投入生产的消息。除了鞍山钢都不断扩建外，第二个钢铁基地正在武汉兴建起来。过去我们总说中国没有石油矿，现在我们不但勘探出了丰富的矿藏，并且在青海的柴达木，在新疆的克拉玛依已开始建设石油工业。我们的交通运输业是飞快地发展。兰新铁路已经通过玉门油矿区向西伸展。从成都直到兰州，从成都经内江到昆明，从重庆到贵阳，在不久的将来都可以坐火车旅行了。到拉萨我们还没有铁路，但是康藏公路和青藏公路已在一年前通车，而且到拉萨的航空线也开辟了。西北、西南的交通是这样，那么东南呢？最近从印度尼西亚归国观光的侨胞曾说："这次归国前我以为只有东北和一些大城市有新的建设，以为福建是最落后的，可是这一次到福建家乡和厦门、福州、南平，一看，和以前大不同了，也真梦想不到通过厦门到福州的铁路不久就可通车，那繁荣必定更快了。"他们到北京参加国庆观礼的时候，还要看到我们自制的解放牌汽车在天安门前走过，和自制的喷气式飞机翱翔于天安门上空了。

不仅工业，就是农田水利方面，进步也是飞跃的。规模大得惊人的水利工程，在永定河、在淮河、在长江，到处兴筑起来，我们治理黄河的规划是去年全国人民代表大会通过的，现在巨大的三门峡水库基地已经勘定，许多器材已在集中，各项辅助工程正准备开始建筑。这个伟大的规划完成后，黄河洪水的灾害可以完全避免，灌溉的农田面积可以大大增加，并且水电站的廉价电力可以促进工业的发展和农业的电气化。我且说两件在南京就近看到的农业改进成就吧。华东农业研究所已经培育成功一种长绒棉的新棉种。绒长等于或甚至超过埃及棉，可以纺成120支的细纱。凡是了解一点中国棉纺业的人，就知道在过去我们的国产棉是只能纺60支以下的棉纱的。其次，该所已试制成功水稻插秧机，这是一个具有重大意义的创造，将来大量生产后，就可以大大减轻农民插秧的艰苦劳动了。

祖国的经济建设既然这样突飞猛进，自然就感觉到建设人才的大量缺乏。我们现在是多么迫切在培养、在寻求祖国建设所需要的人才呀！我们今年又添设了34个高等学校，当中有综合大学，各种专科学院，如师范学院、艺术学院，各类工业、农业学院等。这些新创的高等学校，分散在全国各地，如上海、成都、雅安、西安、内蒙古等。连原有的高等学校共 225 所，拥有近 40 万的大学生了，为解放前最高一年的学生数的三倍。可是这样庞大的数字，这么快的发展速度，还是远远落后于我们建设的需要。除了大学毕业生外，我们当然更需要有各方面的专家。因此，我们在大学中增加研究生名额，鼓励教授继续研究工作，我们并大大扩充科学院的规模。在初解放时，我们的研究所有 17 个，现在我们已扩充到 46 个了，现在所有的研究人员，已经增加了十倍以上。我们不但要研究有关发展国民经济所需要的科学技术，我们也重视科学理论的研究，比如关于遗传学说，我们的生物学家们今年暑假就在青岛举行了米丘林遗传学和摩尔根遗传学的讨论会。我们正以最大的努力准备在 12 年中赶上国际最先进的科学水平。因此，你们就可以想象到，祖国是在怎样珍惜一个具有专长的高级知识分子呀！我们现在全国一共只有十万个高级知识分子——包括教授、研究员、工程师、医生、文艺作家等等，可是我们在 12 年规划内所需要的却不止 100 万人！祖国在各方面所需要的人才太多了，大家都能发挥自己的专长，做出他对祖国的最大贡献。为着珍惜爱护这些高级知识分子，政府正在陆续实行新的措施，今年暑假他们几乎全部免费地到北戴河、青岛、庐山、太湖、黄山等处去避暑；最近还要特别提高他们的薪金收入。考虑他们的研究工作还要进一步开展，正在为他们陆续配备助手，又在大量地为他们添置仪器与图书，有些机构里，其预算数字之大，已无法及时安排、支用得了。所以，就我所接触到的专家与高等技术人员，他们在工作中没有一个人不充满着愉快而兴奋的情绪的。

亲爱的朋友们，我上面拉拉杂杂同你们说了这些话，无非在说明，太平洋这一岸祖国的同胞，怎样日夜盼望着现在还留在太平洋那一岸的兄弟姊妹的归来呀！七年很快地过去了，我们恳切地盼望着，明年 10

月1日到来的时候，你们早已渡海归来，对于祖国伟大的建设事业，已经做出贡献，参加到各项建设者行列中，和全国人民一道欢欣鼓舞地庆祝我们的国庆了。

[原载于《大公报》（香港） 1956 年 10 月]

总结和推广优秀教师的经验，
为积极稳步提高教育质量而奋斗

　　江苏省优秀教师代表会议今天开幕了！这次会议是在一年来全省各市、县、学校普遍进行了评选优秀教师工作的基础上召开的，是我省教育战线上优秀教师的代表第一次聚集在一起，广泛地交流经验的会议。通过这一次会议，必将进一步鼓舞我省全体教师的社会主义积极性，为更好地贯彻全面发展的教育方针，进一步提高教育工作质量，做出更多更大的贡献。

　　随着社会主义建设高潮的到来，我省的教育事业在今年有了较大的发展。目前全省在普通教育方面，共有中等师范学校 35 所，师范速成班 56 处，教职员工共为 2 728 人；普通中学 692 所，教职员工 26 654 人；小学 35 129 所，教职员工 124 438 人；幼儿园 1 587 所，教养员工 5 246 人；盲聋哑学校十所，教职员工 97 人；工农业余中小学学生近 40 万人，教职员工 5 031 人。我们的各级各类教育事业，都是祖国社会主义建设中不可缺少的部分。我们的教育事业中出现了大批的优秀的人员，是党和国家的光荣，是全省广大教师的光荣，也是全省人民的光荣。

　　我省的教育事业是有一定基础的，但是由于几年来事业发展的迅速，也带来不少新的问题，这当中表现最突出的便是数量和质量的矛盾。数量和质量本来是一个问题相互联系的两个方面，任何事物没有数量，就没有质量，数量的发展，将会推动质量的提高。因此，我们必须在发展数量的同时，同样重视质量的提高。不应单纯追求数量而忽视质量。目前我省教育质量不高的情况，突出地表现在干部的领导水平和教师的教学能力不能适应当前工作的需要。譬如，今年新办中学的领导干部很大一部分是由文教助理和小学校长提升的，他们对中学的情况不熟悉，对如何办好一个中学也缺乏经验。又如全省初中教师共 11 236 人，其中高级中学毕业以下水平的就有 6 293 人，占 56%。由于领导干部和教师的水平不高，因而在工作上和教学业务上就不能达到预期的要求，表现在：对学生的政治思想教育薄弱；不能使学生牢固地掌握知识；对学生的健康关怀不够。少数学校中还出现片面强调"个性发展"忽视集体活动，放松生活纪律和学习纪律的现象。所有这些，都应该引起我们的重视。另外，我省今年部分地区遭受洪水、台风等自然灾害，有些群众送子女入学有困难。我们必须努力坚持灾区教育，防止流生现象。

工作中既然发生了问题，我们就必须认真地解决这些问题。根据事物发展的规律，往往在发生问题的同时，由于一些先进人物的努力，也创造了解决问题的办法。我们的责任，就是把这些解决问题的办法，集中起来，推广开去。我们在这一次会议上要广泛地交流经验，这对做好今后的工作来说，是有重要意义的。

人民教育工作，是整个社会主义建设的一部分。人民教师的工作，是极其崇高、极其重要的工作。人民教师担负着培养我们下一代成为国家的建设者和保卫者的任务，因此，我们只应该尊敬他们，任何轻视教师工作的思想都是错误的。

提高教育质量的关键在于提高教师，所以要从根本上解决数量与质量的矛盾，必须从提高教师着手。教师怎样才能提高呢？主要在于学习，离开这个是没有旁的道路的。可是，学习的效果常常是很不相同的。能坚持不懈，刻苦钻研，则"三年有成"；如果一曝十寒，不肯下苦功夫，则"七载无效"，这一次会议上很多教师的学习经验，都说明了这个真理。如江苏省干部文化学校有一位语文教师，他原来仅有初中的文化程度，但由于他能认真学习，刻苦钻研，努力提高自己的业务水平，两年来，他选读了二十多部业务书籍，目前他的教学质量已经不低于其他教师。他积极搞好文学教学，总结了在工农干部学校中如何进行语文教学的经验。他还积极从事文学创作，写出一些短篇小说、杂文、散文、诗歌等。另如沭阳中学一位教师，他参加教育工作 20 年，一直坚持刻苦自学，由一个初中毕业仅能担任初小教师的文化程度，提高到目前已能胜任全部高中数学课程。他在乡村小学任教时，每天早去晚归，利用走路的空隙，回忆自学内容，有遗忘的便取随带的摘要卡片，复习一遍。他学立体几何时感到空间的概念很难建立，于是就在吃饭的时候，把筷子当直线来加以想象，香烟盒、木板均成为他理解几何题的工具。他为了演证一个几何题，曾跑到 40 里路以外去请教一位朋友。从这些优秀教师艰苦自学的经验证明，一个人民教师，只要他具有刻苦钻研的学习精神，循序渐进的学习态度，善于安排时间、挤时间，有决心有恒心地坚持学习，就一定能够逐步地提高业务水平，做好自己的教学工作。我们希望全体教师，下定决心，向这些自学有成绩的优秀教师学习，积极提高自己的业务水平。不仅年轻的文化科学基础差的教师要学习，就是年老的教学有经验的教师也要努力学习，因为学问是没有止境的。

教育质量的提高，教师必须掌握他所任课程的专业知识；同时，还必须有良好的教学方法。因此，我们号召教师认真钻研教材，切实改进教学方法，并且认真地创造与总结教学经验。全省广大教师在这方面是很有成绩的，如南通市聋哑学校校长王秉衡同志，在 33 年的教育生活中，积累了丰富的聋哑教学的经验，指导教师改变旧的指语教学法，采用新的口语教学法，现在该校教师已能像对一般儿童上课一样，教学质量有显著提高。南京市师范学校一位音乐教师通过音乐教学，以教材的思想情感，激发学生专业思想，这个经验是成功的。……此外，在中、小学各科教学上也都创造了很多优秀的经验，所有这些教学经验，都是极其宝贵的，各校应该根据实际情况，加以很好地推广和运用，并且继续创造更多更好的经验。

要教好学生，取得成绩，必须贯彻全面发展的教育方针，树立对学生"全面负责"的观点。教师必须在自己所教的学科当中，体现这个要求，并以此指导自己的教学工作。这次会议上的经验证明：一个优秀教师不仅要注意知识的传授，还必须注意思想教育和学生的健康；不仅要完成所教学科的教学任务，还必须注意完成一般的教育任务，使教育质量得到全面的提高。在出席这次会议的优秀教师中，能够达到这个要求的很多，在今后的教学工作中，必须在这方面继续加强。

勤俭朴素、艰苦奋斗，这是我们中国人民的优良传统。我们要使教育事业很好地为社会主义建设服务，也就必须勤俭办学。学校领导人和教师能够勤俭办学，必然就能密切联系群众，取得群众的支持，同时也必然能培养起学生勤俭朴素的道德品质。也只有这样才能符合我国建设社会主义的长远方针。目前在小学校里存在的问题是较多的。人民随着物质生活的改善，对文化生活的要求也在提高；但是小学事业的发展，不能满足群众的需要。怎么办呢？这就必须依靠群众来办好学校。我们在这方面的经验是很多的：有的教师在洪泽湖上，依靠渔民，坚持了教育，使学校从无到有。有的教师在长江边上，跟随着木筏来往，开展了职工业余教育，创造了新的教学方法。特别要提出的是这次会议上，有很多农村小学的优秀代表，他们不怕农村环境的艰苦，以学校为家，孜孜不倦地进行教学工作。一批学生毕业出去了，又收进一批学生。他们创造了很多优秀的经验，以教好学生成为有用的人才，作为极大的快乐。由于他们有这种献身于教育事业，全心全意为人民服务的精神，虽在严重灾荒的情况下也能坚持工作，就使他们能为群众所爱护和赞许。譬如滨海县天场小学的校长和教师们，艰苦奋斗，坚持了灾区的教育。他们在生产救灾的前提下，使教学与生产相结合，灵活地改变教学形式，把手工劳动课和副业生产结合起来，组织儿童做毛窝、编席子、织蒲包、做蒲扇等，解决学生的书籍费的困难和生活的困难，解除了群众的思想顾虑，使在学儿童全部到校。

我省教育工作中迫切需要解决的问题是很多的，从出席这次会议的代表们所创造的优秀事迹和总结的良好经验来看，已经为我们解决这些问题提供了方向和办法。只要我们团结广大教师进一步地发挥积极性和创造性，共同为上好课，教好学生，办好学校而努力，那么我们的教育事业就会来一个飞跃，使现有质量数量不能适应需要的情况，得到根本的改变。

党和国家对我们的希望是很殷切的，广大人民对我们的希望也是很殷切的，我们应当怎样不断努力，继续前进呢？在这里我们提出几点希望：

第一，要继续提高自己，孜孜不倦地进行学习。努力提高自己的政治思想水平和业务水平，达到应有的高度。教师要以身作则，教育学生，还要把系统的科学文化知识，特别是科学上最新的成就教给学生。教师要加强自己的政治理论学习，加强思想意识的修养，向科学文化进军，并把这些当作当前的极其重大的历史任务。我们并不拒绝接受任何国家的先进的科学技术和先进教育经验，但应根据实际情况办事，而不是照搬照套，照搬照套那是教条主义的学习方法，是不对的。同时，向科学文化进军，首先也是要使自己成为本行本业的专家，而不是脱离本人工作的具体条件，去另搞一套。

第二，要继续发扬勤俭办学、依靠群众办学的精神。经验已经证明：勤俭办学，必须密切联系群众；能够联系群众，则任何困难都可以得到解决。我们的事业，今后是要不断发展的。在前进的道路上，仍然会遇到若干的困难。这些困难，我们仍然需要发扬勤俭办学的精神，艰苦朴素的作风，相信群众，依靠群众，并运用群众的智慧和力量来加以解决。能够如此，则我们的工作将无往而不胜利。因此，我们应该进一步加强群众观点，把自己的工作和所办的学校，建立在牢固的群众基础上。

第三，要团结全省广大教师，进一步发挥全省广大教师的积极性和创造性，继续总结、推广、丰富工作经验。这就要求优秀教师们进一步发挥自己的模范作用和带头作用，推广经验，把好的经验变成大家的，再和群众团结在一起，创造更多的经验。同时也要求广大教师更好地发挥积极性和创造性，学习优秀教师们的精神和成功的经验，不断地总结、推广和丰富自己的经验。这样，我们的教育工作质量才能不断提高。

同志们，我们的事业是光荣而艰巨的，我们要对国家负责，对人民负责，对学生负责。我们必须兢兢业业，克勤克俭来完成这一伟大的任务，不仅保证数量，而且要保证质量。在党和政府的正确领导下，我们的工作已经取得成绩，而且涌现出很多的优秀教师，让我们进一步发挥高度的创造性和积极性，在群众中起带头作用、骨干作用和桥梁作用，紧密地团结和带领着全省广大教师积极前进，争取更多更大的胜利！

1956 年 12 月

（在江苏省优秀教师代表会上所作的报告，原载于《江苏教育》1957 年第 1 期，略有删改）

在世界第四届妇女大会上的讲话

主席夫人，朋友们：

儿童是人类的未来。保卫儿童和青年的权利是一切关心社会进步的人士共同努力的目标。我国宪法上写着，"儿童受国家的保护"和"国家特别关怀青年的体力和智力的发展"。

现在，请允许我向大家简单介绍自中华人民共和国成立以来儿童教育的发展情况。

在中国，由于政府和人民的共同努力，小学教育正在迅速地发展。普及小学教育将在很短的时期内在全国实现。

1949年，全国只有25%左右的学龄儿童入学。但是，在解放后的八年中，全国增设了24万多所小学。1957年秋，小学生已占学龄儿童总数的63.7%。

我国1957年的国家预算中，一般教育的拨款为1952年的206.85%，即在五年内拨款增加了一倍多。除了增加国立学校以外，我们政府还帮助和鼓励群众自己办学。

六个月以来，全国掀起了工农业增产的高潮。这使我国的教育工作获得迅速的发展；全国人民遵循着政府的指示，发起了一个在当地兴办学校的运动。因此，出现了大量的民办中、小学校。据 18 个省 1 600 个县市的调查，其中 821 个县市已经普及了小学教育。

中国所有的儿童，不分民族和性别，均有受教育的权利。我国是一个多民族国家。仅仅在解放后，少数民族才摆脱了帝国主义和国内反动势力强加在他们头上的压迫和歧视。

随着国家建设的发展，各少数民族的文化教育事业也在蓬勃发展。解放前，许多少数民族没有自己的学校，文盲的比例竟达 90% 以上。在 1956—1957 学年中，少数民族人民已经有 23 800 所小学，小学生的数目增加了 234.12%。少数民族拥有 360 所中学，学生人数较 1951 年增多 487.12%。这些学校都用本民族语言教学。

在教育事业迅速发展的情况下，师资的培养是一个重要问题。我国为了培养新师资，大力发展了师范教育。现在全国有 55 所高等师范学院，学生达 11 万多人。师范学校有 598 所，学生 29 万人。此外，各地还采取多种多样的措施来扩大教师队伍和提高师资水平，如开办短期训练班，假期讲习班等等，并且大力增设了业余师范班和函授师范班。

我国教育方针是发展学生德育、智育、体育，培养他们成为有社会主义觉悟有文化的劳动者。

学校教育除了帮助学生获得科学知识以外，特别着重品德教育。我们教导他们爱祖国，灌输给他们国际主义精神，培养他们热爱和平，热爱集体、热爱体力劳动，以及团结互助，尊师敬老，遵守纪律等良好品质。我们也注意使他们受到适当的体力锻炼，使他们成为身心健康的人。

我们在教学中贯彻理论与实际相结合，教育与生产相结合，体力劳动与脑力劳动相结合的原则。

目前，全中国的儿童和少年一起正在展开一个"为祖国办三件好事"的活动，即绿化祖国，除四害，学习讲"标准话"或"普通话"

的活动。孩子们的活动对国家建设固然有贡献，但是更重要的是通过这些活动从小培养他们具有为社会服务的观念。

我国儿童通过各种活动来增进与其他国家儿童的友好关系。他们和别国的小朋友通讯和交换礼物。每年，我国的儿童和少年同住在我国的外国少年朋友聚在一起庆祝六一国际儿童节和新年。我国儿童十分珍惜这样建立起来的友谊。近几年来，各国的许多朋友来访问过中国，这也有助于培养我国儿童和别国人民的友好感情。在座的朋友中，可能有些访问过中国，并可能还记得参观我国的学校和幼儿园时，儿童们是怎样举起小手，争着叫"妈妈"或者"阿姨"来欢迎你们。

中国各界人士都非常关心儿童和青年的成长，并且为他们安排良好的生活与学习环境。

为了巩固和丰富儿童在学校里所学到的知识，扩大他们的眼界和发展他们多方面的兴趣和才能，几年来国家为儿童设立了各种校外教育机构，例如少年宫、少年之家、儿童图书馆、少年业余体育学校、少年科技馆、儿童铁道和儿童公园。此外，在成人活动的场所，如文化馆、图书馆、公园和其他娱乐场所还专门开辟了儿童的园地。学校和校外体育机构定期举行体育表演或比赛，组织旅行和远足。每年暑假举办多种多样的夏令营或暑期乐园等。

有专门的出版社供应大量良好的儿童读物。在1950年至1957年9月期间，共出版了5 300种儿童读物，达二亿三千七百万册。许多作家和科学家现在为他们的少年读者写作。儿童有他们自己的报纸，名《中国少年报》等等。

大城市里有儿童电影院。解放后至1957年底，共摄制和译制163部儿童影片。中央人民广播电台每天有对学前儿童和少年的广播节目。在我国那些对儿童和青年心灵有害的不良书籍和影片早已在市场上绝迹了。

父母们的思想行为以及他们给孩子的教育，在年轻一代的身上留下难以磨灭的印象。我国的父母们对世界和平和人类的进步事业以及对我国社会主义建设有着坚定不移的信心。他们热烈地参加祖国建设和各项社会活动。他们勤俭、乐观，以为人民服务为荣。父母们这些思想和行为对儿童性格的形成有着重要的影响。

学校教师常常举行讨论会，成立家长委员会和拜访学生家长，向他们报告学校的工作情况并征求他们的意见。他们和家长一起研究正确的教育儿童的方法。

为了满足人民群众教好子女的要求，各地政府部门妇女联合会和其他人民团体采用了各种方式，如演讲会、座谈会、报刊、广播、小册子、展览会和演出来帮助家长们解决儿童教育的问题。

在中国，学校、家庭和社会对儿童教育工作提出同样的要求，并完全同意对儿童进行教育的这些方式方法。少年除了在学校受教育以外，还参加富有教育意义的各种活动。

我诚挚地希望世界上所有的儿童和青年都过幸福的生活，在愉快的环境里成长起来。我们愿意和各国妇女团结在一起，保卫儿童和青年受教育的权利。这种教育是以各国人民之间和平和友谊的精神来进行的。

1958 年 4 月

（选自《吴贻芳纪念集》，江苏教育出版社 1987 年版，第 71—72 页）

大家都来学拼音字，说普通话

——在第二届全国人民代表大会第一次会议上的讲话

推行拼音字母和推广普通话是文化革命的重要任务之一。

在党的总路线的光辉照耀下和工农业生产大跃进形势的鼓舞推动下，我省和全国各地一样，出现了文化革命的高潮。规模壮阔的群众性扫除文盲运动取得了很大的成绩。广大群众的政治热情和学习积极性十分高涨。推行拼音字母或推广普通话是文化革命的重要任务之一。在扫盲运动的基础上，号召群众学习普通话，以便更好地运用语言工具，为政治、为生产服务，并且学习拼音字母为汉字注音，以巩固扩大扫盲成果，这是运动发展的必然趋势。一年来，在党和政府的正确领导下，我省积极地进行了推行拼音字母和推广普通话的工作，组织了多次报告会座谈会，通过广播电台、报纸、杂志等广泛地进行了宣传工作。省和专区、市、县分级培训了大批教学拼音字母或推广普通话的骨干。全省各级各类学校学生和青壮年教师绝大部分都参加了拼音字母的学习。据统计在学校系统中，共培养骨干 50 000 余人，有 696 万大中小学生和 23 万青壮年教师学会了拼音字母，能说普通话。这一工作，我省首先是在学校系统推行，同时运用拼音字母进行扫盲试点，开始在工农群众中推行拼音字母。去年 8 月，昆山县开展了全民学习拼音字母和普通话运动，经过了两个多月的时间，在全县青壮年中，基本上普及了普通话和推行了拼音字母。紧接着，新沂、金坛、丰县、溧阳、武进、江阴等县，也相继在全县或在部分公社中兴起全民学习的热潮，据昆山、新沂、丰县、金坛四个县统计，共培养推广普通话的骨干 50 000 余人，初步学会普通话的群众有 694 000 余人，学会或基本上学会拼音字母的有 597 000 人。一年来，为了在全省推广普通话，我们还出版了有关图书 27 种。

拼音字母不难，学 20 小时就学会

根据试点经验和各地推广的情况来看，群众学会拼音字母一般只需 20 个小时左右的时间，并不如有些人所想象的那么困难。推行拼音字母或推广普通话是广大群众的要求，但毕竟是一场新的事物。因此在开始学习的时候，有一些人怕难为情，怕难学，认为拼音字母是洋文，是中学里学的，我们扫盲刚毕业根本学不会。这类思想顾虑是不奇怪的，但他们学了几天以后就很容易理解，拼音字母字数少，笔画简单，写起来方便，学起来容易。昆山新光公社朱大妈说的对："人家说难，我说很容易，字母只有 26 个，是条龙也能逮住。扫盲时，我们一天能认识几十个汉字，学拼音，一天只学四五个，还有什么可怕的呢？"结果她只用了五个晚上就全部会认会拼了。正因为如此，所以拼音字母很快地在昆山、新沂等地普遍推行起来。

利用拼音字母巩固和扩大扫盲成果和学习普通话

拼音字母对于巩固和扩大扫盲成果也显示了很大的优越性，新沂县在扫除文盲后，因忙于秋收、秋种、大炼钢铁和搞水利工程，扫盲巩固工作未能及时跟上，因此在有些地区发生了"回生"现象。在推行汉

语拼音字母以后，凡教学拼音和识字教学结合得好的地方，学员不但对已学的汉字得到巩固，而且还多认识一些生字，据新沂县 66 个班，977 人检查的结果，都认识 100 字至 500 字的有 149 人，500 字至 1 000 字的有 600 人，1 000 字以上的有 16 人，其余的人也基本上消灭了回生现象。如炮车基层公社庄富玉学会拼音字母以后，已经阅读了不少次注音本的通俗读物，大大提高了阅读能力。他说：只要在汉字上注上音，一般的生字都难不倒，我忘记了又记起，没学的能自学，拼音字母真是我的好老师。新沂县群众利用拼音字母学习普通话的成绩很好，该县是北方话区，只有 300 多个常用字与普通话有差别，群众学了拼音字母以后，这些方音很快得到了纠正。该县新安镇一个理发工人学会了拼音字母以后，还找出了新沂一些韵母和普通话对应规律。炮车基层公社社员则找出了新沂话与普通话声调的对应规律，目前新沂县群众学习普通话的劲头越来越大。

充分运用扫盲经验，推行拼音字母和推广普通话

在推行拼音字母和推广普通话的工作中，各地都充分运用了扫盲经验，在党的领导下，密切结合生产，采取了大搞群众运动的做法，因而取得了显著成绩。许多地方群众在水利工地上抬土、挖土、打夯，是用普通话唱小调，用拼音字母歌代替号子，教师用普通话喊鼓动口号。这样的学习方法群众非常满意。昆山县在开展运动期间，也有人认为推广普通话不是积肥，难以跃进。一无经验、二无教师、三无材料、四无教具，普通话怎样推广？但是在党的领导下，充分发动了群众，克服了种种困难，终于使工作大大地跃进了一步。他们以扫盲干部、中小学教师为主，采用滚雪球的方法，在短短的时间内就培养出 10 000 多名教师，编印了 80 000 余册课本，23 万份词汇对照表，创造了 40 余种教具。另外在方法上根据方言的不同情况，因地制宜地采取了两步走和齐头并进

的做法。昆山县方言属于吴语系统，不但语音上和普通话差别很大，就是在词汇上也有相当大的距离。词汇的不同，严重影响了人们在信息交流时的彼此了解，其中差别显而易见。同时，改变方言词汇比矫正方音易于为群众掌握，易于引起群众学习普通话的兴趣和提高学习的信心。所以昆山的做法是，第一步发动群众，模仿京音，改变常用方言词汇。第二步，学习拼音，矫正方音，以提高普通话的质量。新沂县方言属北方话系统，常用词汇大多和普通话相同。因此，该县采取齐头并进的方法，一面组织群众模仿学习普通话，一面学习拼音字母，并在学会拼音以后用以继续纠正方音。这两种做法都取得了良好的效果。

一年来，我省推行拼音字母和推广普通话工作也存在一些缺点，主要表现在：对学校巩固工作抓得不紧。因为有些地区师生学过拼音字母，以后有不同程度地回生，普通话水平也提高得较慢。全民推广工作，一般说来，各地在开展之前没有准备注音读物，群众学习文化的课本还未注音，因为群众学会拼音以后，在较长的时间内不利用拼音字母学习普通话和巩固所学汉字，使拼音字母没有能充分发挥作用；在师资方面，虽然培养了大量教师，但有些地区无论在数量上质量上都不能满足工作发展的需要，这些缺点还有待进一步努力克服。

今年将大力宣传文字改革的意义，培养师资，准备教材

1959 年将是我国工农业生产和科学文化教育事业更大更好更全面跃进的一年，文字改革工作也必须有进一步地开展。我们准备继续大力宣传文字改革的重大意义，培养师资，准备教材。号召各级各类学校学生和青壮年教师争取在两年内，基本上都能做到正确、熟练地运用拼音字母，都会说比较标准的普通话。在已经全面推广的市县继续做好巩固提高工作，有效地帮助群众利用拼音字母巩固扫盲成果，提高文化水平和普通话水平。目前还没有全面推行的市县，将选择有条件的人民公

社、厂矿、街道等基层单位进行试点，充分积累经验，以便利用适当的时机，再一次掀起全民学习拼音字母和推广普通话的热潮。

（原载于《人民日报》1959 年 4 月 26 日）

让儿童健康地成长

六一国际儿童节即将到来，让我向全省少年儿童们以及辛勤教育儿童的小学老师、少先队辅导员、幼儿园教养员和保育员们致以热烈的祝贺！

我们的党和政府，一贯是对少年儿童无微不至地关怀的，为他们的健康成长创造了无比优越的条件。十年来，我们的儿童教育工作者，在党的领导下，付出了辛勤的劳动，取得了很大的成绩。现在，随着工农业的飞跃发展，参加社会劳动的妇女愈来愈多，她们照顾孩子的时间相对地减少，教育工作者培养儿童的责任也就相应地加重了。在欢庆1959年儿童节的时候，我相信，所有教师、教养员、保育员，一定都在考虑怎样更好地来培养我们祖国的花朵，做一个更好的园丁。

在这里，我提出几点希望：

要培养儿童具有共产主义的思想品质

儿童生长在一个新的历史时期，他们是无比幸福的。教师应该使儿童们懂得，我们今天的幸福，是无数革命前辈，不怕困苦，不怕牺牲，发动和领导工农群众，英勇奋斗，推翻旧社会，建立了新社会而后取得的。从而教育儿童继承和发扬革命传统，热爱党、热爱毛主席、热爱社会主义，从小就具有远大的理想，奋发的志气，和不怕困难、不怕险阻、敢于革新创造、坚持真理的精神。大家知道，少年儿童共产主义品质的成长，首先来源于社会实践。因此，我们必须善于引导和组织儿童参加活生生的生活实践。全省各地以往曾引导少年儿童开展了植树造林、除"四害"、讲卫生和支持兴修红领巾水库、水电站等活动，这些活动提高了儿童的觉悟，增长了儿童的见识，培养了儿童改造自然的伟大理想。今后，还应当进一步根据少年儿童的年龄特点，采用适当方法，吸引儿童参加社会主义建设的斗争，务使少年儿童每项活动都渗透共产主义的精神。同时，要重视培养儿童热爱劳动、尊敬师长、友爱同学、珍惜集体荣誉的优良品德。对于组织儿童参加劳动，必须根据中央和省委的指示，针对儿童年龄小、体力差的特点，分配以适合他们体力和兴趣的、轻微的短时间的劳动，不能因为劳动而妨碍或放松学习。

要努力搞好教学工作，提高教学质量

少年儿童处在长知识的时期，我们要引导他们认真读书，系统地学习文化基础知识，为将来掌握最新的技术和现代科学成就打下坚实的基础。新生一代如果不很好学习建设社会主义和共产主义的知识和本领，那么，所谓为共产主义而奋斗，就难免不成为一个空洞的愿望。因此，教师必须认真地进行教学工作，让孩子们系统地牢固地掌握知识。要做好教学工作，教师又必须在党的领导下，深切关怀儿童，全面了解儿童，把对儿童的最大尊重和最高要求结合起来，把自己的主导作用和儿童的学习积极性结合起来。如果教师在教学上放弃主导作用，不深入钻研教材，明确教学要求，不针对儿童实际创造有效的教学方法，不启发儿童学习的自觉性和积极性，课堂教学缺乏生气，教学效果就不会好。如果教师不严格要求学生，学生学习松懈，学习质量就不能提高。因此，每个教师对自己所担任的课程，应当根据教学大纲的要求，认真钻研教材，适当补充最新的东西，丰富教学内容，并且改进教学方法，系统地把知识传授给学生，对于学生作业，应当认真负责地批改。这才能使学生在教师殷勤教导之下，认真学习，由不知到知，循序渐进，日积月累，逐步掌握系统的知识。

要培养儿童健康的体魄

少年儿童又处在长身体的时期，教师在传授知识，进行思想品德教育的同时，要注意孩子们身体的正常发育。要合理安排学习、劳动、休息、娱乐时间，养成有规律的生活习惯；认真上好体育课，开展广泛的、经常的、适合儿童兴趣的文娱康乐活动，增强体质，活跃身心，教会孩子们讲清洁、爱卫生，注意孩子们各种感觉器官的保护和各种不正确的姿势的矫治，切实做好保健工作，使之能健康地成长。幼儿园更要加强生活管理，把孩子教养好。

总之，我热忱地希望教育工作者在党的领导下，在教育方针的指引下，把我们的新生一代，培养成为德育、智育、体育全面成长的新的一代。预祝教育工作者们和工农劳动人民一样，以更多更大的新的成就，向光辉的建国十周年献礼！

（原载于《江苏教育》1959 年第 10 期）

更好地发展社会主义教育事业

伟大的中华人民共和国成立十周年的节日到来了。我和全国人民一样，以兴奋激动的心情庆祝祖国十年来在政治、经济、文教等各条战线上所取得的辉煌成就。我国获得这些奇迹般的成就，都是党的领导的伟大胜利。拿江苏省的教育事业来说吧，十年的迅速发展，就是在省委和省人民委员会的领导下，贯彻执行了党中央的教育方针政策，逐步满足广大人民对文化的要求并适应社会主义建设需要的结果。

解放前，江苏省素称是教育发达的省份，其实那时学校办得并不多，而且又集中在沪宁铁路沿线和其他几个大城市。如刚一解放时，南京、镇江、常州、无锡、苏州五个城市的中等学校占全省中等学校总数的32%强，学生数占全省学生总数的40%。而一些交通不便的县，连中学都没有一所。高等学校则主要是在南京、苏州、无锡，而且规模小、学生少、设备差、质量低。解放后，在共产党的领导下，教育事业迅速发展，使工农子女得到入学的机会。现在，全省小学生已达到596万余人，为1949年的4.4倍多；全日制中等学校的学生达到79万余人，为1949年的6.7倍多；高等学校的学生达到61 000多人，为1949年的8.8倍。同时，学校的分布也逐步趋向平衡。

现在，在学的中小学生，绝大多数是工农劳动人民的子女。至于高等学校，在解放前，基本上是没有工农成分的学生。现在，高等学校学生中，工农成分的学生已增长到45.7%。专为培养工农知识分子的几所工农速成中学（现名工农高中），几年来毕业了3 000多人，绝大多数都升入了高等学校。

过去，千万人渴望扫除文盲和普及小学教育，但在国民党统治时期，根本不可能实现，而今天，小学教育已经基本上普及了，扫除文盲的工作也取得了极大的成绩。过去，在他们青少年时期没有读书机会或读书很少的人，党又为他们办起了一整套从小学、中学到大学的业余教育体系。过去一向被人忽略和认为难办教育的洪泽湖上、江河的船民，人民政府也都想尽一切办法为他们办学校。生产和学习，已经普遍成为人民群众生活的需要了。

社会主义的教育，不仅能够大量地满足人民对文化的要求，更重要的是按照党和人民的意志，按照社会主义建设的需要来培养人才的。这就是要培养"有社会主义觉悟的有文化的身体健康的劳动者"。用什么方法培养这样的人呢？党在去年又明确提出了教育为无产阶级政治服务，教育与生产劳动相结合的教育方针。由于贯彻了这一方针，进行了教学改革，使学校克服了过去的脱离政治、脱离生产、脱离实际的错误和缺点。由于学校把生产列为正式课程，师生经常参加生产劳动和社会实践，经常与工人、农民群众接触，使教育和劳动结合，理论和实践结合，脑力劳动和体力劳动结合，知识分子和工农结合。实行这种又读书又劳动的社会主义教育方法，既加强了师生的集体观点、群众观点和劳动观点，改变了他们过去轻视体力劳动和体力劳动者的错误态度；同时也使他们丰富了工农业生产知识，培养了独立思考独立工作的能力。例如南京师范学院教育系的师生，曾用三个月的时间，到农村进行劳动锻炼，结果加深了对劳动人民的思想感情。他们协助乡镇开办托儿所、幼儿园、小学、农业中学和各种短期师资训练班。由于实行了教学、劳动、科学研究三结合，使教育系改变了面貌。同学们一致认为这种结合实践的训练，是培养他们成为合格师资的很有效的方式。普通中小学由于贯彻教育与生产劳动相结合的方针，使师生接触了生产实际，教育质量也有了显著提高。例如，自去年学生参加劳动以来，作文内容丰富，语言生动，文字的表达能力普遍提高；对数理化知识的运用能力，都比过去提高。这是十分可喜的现象，也是贯彻执行党的教育方针所取得的伟大胜利。

回顾解放十年来，教育工作之所以能取得这样辉煌的成就，主要是由于党的英明领导，同时也和全体教育工作者的辛勤劳动分不开。现在，党的八届八中全会提出要提前在今年内完成第二个五年计划主要指标的伟大号召，更带给我们以取得胜利的新的力量。我相信从事教育工作的同志们，一定能够在党的领导下，把社会主义教育事业引向更快发展的道路。

（原载于《新华日报》1959 年 9 月 27 日）

提高英语教学质量的几点意见

在国际交往，增进各国人民之间的相互了解，友好合作，促进文化交流的事业中，外国语是一项重要的工具，它对我们进行社会主义建设，有着密切的关系。我们要把祖国建设成为一个具有现代工业、现代农业、现代科学文化的社会主义强国，就要能够运用世界先进的科学成果，吸取外国的有益的经验，同时，我们还要把自己的经验向友好的国家和人民介绍。这就要求我们在中学里教好和学好外语，使学生具有良好的外语基础，以便他们将来在学习或工作中能够运用。

关于学习外语的重要意义，现在大家是愈来愈明确了，但是从国家对于我们的要求来看，我们还必须进一步把外语教学工作做得更好。所以，我打算就英语教学如何提高效果的问题，提出一些个人的意见。

解放前，中学里的外语课主要是教英语，但是缺乏正确的教学目的性。当时人们学习英语的打算，的确也想从中吸取一些国外知识，可是，有一部分人却并不是这样，学了英语之后，就往往只知推崇外国的东西，从而否定本国的丰富伟大的文化遗产，甚至有少数人专图在国外专业性刊物上发表论文，以猎取名誉地位。在社会交际中，也有许多人以讲英语为时髦。这种损害我们民族自尊的现象，令人痛心，给我们留下很深的印象。直到现在，有些青年学生还认为英语等外语是"帝国主义国家的语言"而不重视对它的学习。这种心理，原是可以理解的。但是，这又是不正确的。语言是一种工具，它没有阶级性，掌握在哪个阶级手里，就为哪个阶级服务。以英语来说，它是英语民族的语言，在英、美等国内，帝国主义分子固然使用英语，广大的人民也使用英语。再说在世界上，除了英国和美国使用英语之外，欧洲、美洲的许多国家，以及亚洲、非洲、澳洲的一些国家，目前也有很多人使用英语，世界上的科学文化成果很多是用英文记载，或者从别种语言翻译成英文的。所以，这是一种使用范围比较广泛的语言，我们去掌握它是很有必要的。

有些学生认为英语难学，花了工夫学不好，因而学习的信心不高。我们知道，在学习的道路上，绝不是平坦无崎岖的。对待学习上的困难，就要有不怕难，遇难而进的勇气和决心，何况中学里的学生，年纪轻，记忆力好，模仿语言的能力也很强，只要在老师的正确指导下，加上自己的努力，勤学苦练，持之以恒，学好英语是完全可能的。

还有些学生打算毕业以后直接参加生产，认为不升学用不着外语，现在不必白费心去学。这种看法也有些片面。我们的工农业生产发展得这样迅速，从前认为用不上的知识如数学、物理、化学等，现在事实证明都用到了。今后我们的工农业生产还要继续发展，需要大批的技术人员，现有的工程师和农艺师是远不够需要的，还必须有更多的青年知识分子，在生产实践中进行研究和革新创造，假如他们具有一定的外语基础，再在专业知识方面补一些课，就能够阅读外文参考书而学到许多有用的东西，更有利于革新和创造。举例来说，我们国内塑料工业的建设时间还不长，而国外在这方面是发展得比较早的，在外文书籍中就有很多资料可以供我们借鉴。在农业生产上，也不乏这些事例。比如说，要增产粮食，那么防治病虫害就是一个很重要的问题，在这方面，国外也有许多科学研究的成果值得我们参考。所以说，一个从事农业生产的人如果懂得英语或其他的外国语，也是很有用的。工农业生产是如此，做其他工作也是如此。有一次，我遇到许广平同志，她说起鲁迅先生曾讲过这样的话：作为一个作家，最好要掌握一种外国语。鲁迅先生自己，就是懂得好几个国家的文字的。由此可见，说学了外语将来用不到，这是不对的。

以上这些道理，做教师的要向学生说清楚，使他们懂得学习外语的重要，端正学习态度，更好地来学习英语。

中学生学习英语，必须达到这样的要求：具有一定的阅读能力和初步的口语、书写能力。也就是发音正确，听得懂别人的话，掌握一定数量的常用词，写得出单词的正确的拼法，在口说、造句或写作短文时，能够熟练地应用已学过的词汇和语法。其中最后一点，尤其重要。

要达到如上所述的要求，首先要加强基本训练，一开始就要打好基础。学习语言没有捷径可循，不论是学习语音，掌握词汇和语法，都需要多练，反复地练，才能够运用自如。既要多练，就得给学生以较多的练习机会，比如儿童学话，从襁褓中牙牙学语开始，自朝徂暮，所听所说，都是本国的语言，因而后来能够熟练掌握。我们学习英语，缺乏这种经常听说的环境和机会，因而需要在课堂上尽可能有较多的时间让学生有实践的机会，多听，多说，多读和多写。在课外，也要给学生适当安排一些练习口语的机会，如两个人对话，作一些拼音的比赛等。

要使学生发音正确，必须通过国际音标的教学，使学生看到用国际音标注音的生词，就能够拼出音来，并且读得很正确，就像现在大多数小学生学过拉丁拼音字母后，就能够正确地读出普通话的语音一样。现在有这样一种情况，学生往往只能听懂教他们课的这个教师的读音，换一个教师来教，就听不懂，这跟教师的读音是否完全正确很有关系。另外还有一种过去遗留下来的坏习气，对于英语课本上的生字，部分学生用汉字来注音，这说明他们还没有学会和使用国际音标，发音自然也就不会正确。

掌握一定数量的单词和词组，也是很重要的。有些教师反映：现在学生学习外语的困难之一，是记不牢单词，认为这主要是由于课文中单词的重复出现率少的缘故。当然，在编写英语课文时，是要注意尽可使单词较多次重复出现。但是，作为课文来说，篇幅有限，题材多样，不可能单纯从单词重复出现这一要求来考虑课文的安排，最主要的是要通过课内外多种多样的练习，反复使用已经学过的单词。对于英语中的惯用词组，也要通过反复应用，才能使学生熟记和正确运用。

教学英语语法的时候，必须讲解清楚。但是，我们要注意到这样的事实，学生在口语或写作中发生语法上的错误，一般说来，不是因为他们不知道有关的语法，或者不会背语法上的规则，而往往是因为他们不习惯于英语的特殊结构，和运用词组不熟练的缘故。每一种外国语都有它自己的语言规律和习惯用法，英语也是如此。这是我们学习英语时的一个困难，必须作为重点来反复练习，达到牢固掌握它们的要求。举例来说，汉语里的"是"，在英语里就要随着人称、时态而变化，所以"I am, you are, he is"等等必须背得烂熟，例如一用到"I"，就自然而然地在后面接用"am"，或者谈到过去的或将来的事，"was""shall be"等也就不加思索地会应用上去。人民教育出版社新编的十年制中学英语课本中，第一课就采用了简单的疑问句和陈述句，便于教师直接用英语进行问答，或者指导学生对话，这样编排是比较好的。通过实际的听、说、读、写，使学生熟悉简单句子的结构，以后再听教师讲解语法，就能更好地领会了。教师在教学过程中，就要体现课本里的这些优点，这样，语法才不仅仅是记忆在脑中的"知识"，而是能够运用到实践中去了。这种使学生牢固地掌握和熟练地运用英语句子的语法规律的训练，是英语教学中一项最重要的基本训练，从最简单的开始，一直到结构逐渐复杂的句子，要教会学生模仿套用一定的典型范句，经过反复练习，达到熟练掌握，最后就能够不先想范句而脱口说出语法正确的句子了。

在教学方法上，我还有这样的看法，在课堂上教师最好少翻译，少用汉文来讲解课文的意义。少翻译，少用汉文讲解，并不意味着不翻译、不讲解。教到新的词组，新的课文，当然需要翻成汉语，但是在已经了解之后，那就要直接用英语来练习，不必再重复地英译汉，汉译英。这样，教师在课堂上就可以省出时间来做多种多样的练习。更重要的是可以使学生习惯于直接运用英语，听到和看到英语，就懂得它的含义，不必再经过一道翻译的思维过程。现在有些教师教英语的时候，往往将英语的句法结构和汉语进行比较，来说明两者间的异同。对于简单的句子，这样做法还可以，可是教到比较复杂的就有困难，而且长此下去，就会产生不好的副作用，使学生在学习英语的时候，脑子里一直留着汉语语法的印象。这对于培养他们直接用英语来思维的习惯，是有阻碍的。

要使学生学好英语，就得引起他们学习英语的兴趣，特别是初学的时候，不要让学生有畏难情绪。要经常注意学生学习上的困难，尤其是学生学习英语的特殊困难的地方，找出其产生困难的原因，耐心地帮助他们去解决。比如江苏一部分地区的学生，由于习用的方言关系，对英语中 l 和 n 的发音难以区别开来，我们就要把发这两个音的唇舌的位置告诉他们，帮助他们矫正。

总的看来，现在学校里的英语教学的质量正在逐步提高，教师都能认真教学，力求改进，这是值得高兴的现象。但是，现在英语教学的要求，是要使学生达到"四会"，而教师过去自己学的时候，却偏重在培养阅读能力，对于口语、语音、语调等是缺乏足够的重视，现在就要弥补这种不足之处。有效的办法之一，是边教边学，先从课文和简单的课堂用语开始，多说多用，成为习惯之后再逐步提高。在这里，教研组要发挥互相切磋的作用，可以相互听课，开展研究。大家还可以听英语唱片和英语广播，来矫正自己的发音和提高听、说的能力。

提高教学质量，是学校里一项经常的中心任务。外语是中学里的一门主要课程，教师要进一步提高自己的教学水平，帮助学生学好，为提高英语教学的质量而努力。

（原载于《江苏教育》1962 年第 3 期）

进一步提高英语教学的质量

——在江苏省中学英语教学座谈会上的讲话

同志们担任英语教学工作，是一项艰巨而又光荣的任务。现在，除了一部分老师具有比较丰富的英语教学的经验之外，有很多老师是最近才教英语的，而国家对于英语教学的要求，要达到"四会"。这跟解放前的英语教学有很大的不同，那时无所谓要求，教什么？教多少？都没有规定。所以，现在的英语教学工作是艰巨的。但是这又是光荣的。因为，凡是从事一项新的工作，要摸索出一套经验来，必须要经过很多人辛勤劳动，做出创造性的贡献，目前对于教好英语，大多数人还缺乏经验，所以在教学过程中，每个人都可以进行试验、创造和积累教学经验。何况现在国家对外语教学很重视，教育行政部门正在采取措施，从各方面想办法来提高外语教学的质量，像今天这样的座谈会，就是一个很好的例子。同志们一定要认识到这一点，加强自己的责任感，把英语教学工作做得日益出色。

对于英语教学，我打算谈三点。

必须提高学生学习英语的积极性

提高英语教学的质量，很重要的一个关键，是要提高学生学习的积极性。本来，高度的学习积极性是学好任何功课所必需的，不独学习英语为然，但因为现在学校里恢复英语课程还不久，学生对学好这门课的重要意义，认识是不足的，加上本国学生学习外国语言，多少总有一些不习惯，需要克服若干困难，所以提高他们学习的积极性尤为必要。

提高学生学习英语的积极性，一方面要加强学习目的性教育，说明学好英语对我们进行社会主义建设的重要作用，以提高他们的思想认识。关于这一点，英语教学大纲上说得很清楚，同志们也非常了解；这里不准备多谈。另一方面，是要经常注意帮助学生克服学习中的困难。像学习任何功课一样，学生在学习英语过程中免不了要遇到困难的地方，这时，教师应特别注意帮助学生及时克服困难。尤其在初学阶段，学生所遇到的英语上的难点还比较容易理解和掌握，只要一个个地及时解决，就不至于使难点积累成堆，以致少数学生认为英语难学，失去学好它的信心。我们还要知道，学生学习英语的难点所在，往往是一些跟我们本国语言不同的习惯用法，学生在这种地方用错了，并不是奇怪的事情。比方说，英语中 at、in、on 等三个前置词的用法，学生就很难学，这就像外国人学习中文时，对于"一条围巾""一顶帽子""一本书"等不同量词的用法，感到非常难学一样，这没有什么道理可讲，就是习惯上这样用法。教师在教这些词的时候，要将 at eight o'clock, in the morning, on the 15th of February 等连在一起教给学生，学生用惯了就掌握了。在学生学习英语的入门阶段，也就是打基础阶段，要把最基本的东西教给学生，耐心地帮助他们掌握。所谓掌握，就是要记牢和会用。

听、说、读、写与语音、词汇、语法

听、说、读、写，在外语教学中一般称之为"四会"，"四会"之间的相互关系，现在外语教师都很明确，知道它们是紧密联系，不能割裂分离的。语音、词汇、语法，是外语中的三项基础知识，怎样才能使学生掌握语音、词汇、语法等三项基础知识，变成听、说、读、写的"四会"技能呢？这里，我个人认为外语教学中所说的基础知识与基本技能，跟一般学科中的基础知识、基本技能的概念，不一定完全相同。语言本身是一种工具，一方运用说、写，对方就要听、读，这样才能交流两方面的思想，否则便不成其为工具，而在说、写和听、读之间，语音、词汇、语法是它的基本要素，其中少了一个，就说不起来，写不起来，也无法听和读。所以，也不能把听、说、读、写"四会"和语音、词汇、语法等三项基础知识割裂开来，而是要通过听、说、读、写，来传授、掌握和运用一种语言的语音、词汇和语法。

在教学外语的过程中，语音、词汇、语法等教学，不可能齐头并进，在每一个阶段或者一节课内可以侧重教一样，但还是要注意到它们之间的内在联系，例如不论侧重词汇教学也好，侧重语法教学也好，都不能离开语音。

先谈语音。语音是任何一种语言中必备的基本要素。发音不正确，听的人就会"不知所云"，失去语言的工具作用，因而要教会学生正确发音。学生学习发音，全在乎模仿教师，教师的发音是否正确，影响很大，如果有些教师还缺乏这项基本功的，需要加强锻炼。除了模仿教师发音之外，进一步还要学生自己能够拼读和拼写，这就有教国际音标的必要了。学生掌握了国际音标在课后或者看到生词，自己就能拼读出来了。现在有些学生在英语课本上用汉字注音，这样读音就不可能正确。

这种习惯应该纠正。国际音标什么时候教？怎样教？对于这个问题，我看可以根据人民教育出版社出版的十年制中学英语课本中的办法，一步一步地教，不要一下子全部教给学生。此外，还要把英语的最普通的读音规则教给学生，例如 rip 的读音为（rip），ripe 的读音为（raip），又如 -tion，-sion 的一般发音为（ʃən）等。另外，在语音教学中还要注意两点：一是多音节词的重音，要求学生读得正确，例如 police，重音在第二个音节，而 policy 的重读音节则是第一个音节，读错了别人就不容易听懂了。二是要注意到有些学生由于地方音的关系，对某些字母的发音不容易正确，如有些地方的学生不易区别 l 和 n 的发音，另有一些地方的学生分辨不出 l 和 r 的发音，教师在教的时候，要把发这些音时舌唇的正确部位告诉学生，使他们听得出发这些音的区别，帮助他们正音。

关于词汇，英语教学大纲（草案）上对于学生在中学阶段应当掌握多少个词汇，是有规定的。在根据教学大纲编写英语教科书的过程中，注意到选择英语中的常用词，并注意了这些常用词的重复出现率。但是，由于教材内容和篇幅的限制，除了最通常用到的词汇，可以在课文中多次出现外，总有一些词汇是学生应当掌握而课文中并未多次用到的，这就不能依靠课文来解决，而是教师在备课时要缜密考虑好，有计划地在课堂上或作业中，多引用学过的词汇和词组，让学生反复练习，以增加和这些词汇见面的机会。要求学生记牢词汇，只有让学生跟词汇常见面，多听、多说、多读和多写，也就是反复地实践。

另外，我们还要看到，有些课文由于内容的需要，其中往往有一些非常用的词汇。对于这些词汇，我个人认为，在教的时候固然要使学生认得，但却不必要求学生花很多精力和时间去记它们，这样就可以节省出精力、时间去记牢常用的词汇。

再谈语法的教学。每一种语言，都有自己相传下来、相习而成的规律，这种规律就是语法。一个国家的人要学另一个国家的语言，除了学习它的语音、词汇之外，还必须学习它的语法。对语法不能仅看成是一种知识，否则就可能专用汉语来讲解语法，并要求学生孤立地背诵许多语法的规则，结果是规则可能背得很熟，而所说所写的英语却不符合规则，出现不少语法上的错误。事实上懂得、记得规则是一回事，照着规则去运用又是另一回事。教师在讲授语法时，当然是结合课文里的范句去讲解的，但当学生领会并能够说出语法规则后，就不能把它当作是一种"知识"让学生去背诵，而是要求学生在答问或书面作业中正确地加以运用，运用中有错误，再启发他们自己去发现和自己去改正。

语法中最主要的是句法。教句法，要教会学生分析一个简单句子的主要构成部分。例如 I go, You come 等，虽然只有两个词，但主语和谓语都具备，所以构成了一个完整的句子，如果说 I to school，尽管这里有三个词，然而缺少一个谓语，所以不成为句子。在简单句中，谓语只有一个，但可以有两个以上的词构成谓语部分，也可以有状词短语（adverbial phrase），例如 I go to school at seven o'clock every morning 等。

讲到谓语，当然不能不提到词法，因为谓语总是由动词组成。各种动词的性质不同，有的后面可以没有宾词，有的后面要有宾词，宾词又有直接、间接之分。但是最重要的一点，是要使学生知道，每个简单句子中必须要有动词组成谓语。

中国学生学习英语，常常把两个动词连用在一起作为谓语，如 I like play basketball 等。其实按照英语语法，每个简单句子中只有一个动词，两个动词中的后一个是不定式的动词，它的前面要加上 to，以组成不定式短语（infinitive phrase）作为谓语部分的宾语。这些地方，正是英语和汉语不同之点，要让学生牢牢记住的。

关于主语，上面说过要使学生知道一个简单句子不论长短，必不可少有一个主语，还要告诉学生主语虽然只能有一个，组成主语的词却不限于一个，例如 My brother and I go to school，其中的主语由 My brother 和 I 组成；A picture of Chairman Mao is on the wall，其中的主语是一个短语（phrase）；To speak much was not necessary，其中的主语是一个不定式动词；Talking with you is a real pleasure，其中的主语是一个动名词等。

把上面这些简单句子的句法教会学生掌握后，并且使学生读到一个句子就能辨认出哪是主语，哪是谓语，以后学生再学习复合句和复杂句就不难了。

必须加强练习

对于任何一种语言，不论是它的语音、词汇或者语法，都只有通过实践才能掌握，所以必须想一切方法多给学生练习的机会，让他们多听、多说、多读、多写。

练习的种类，有造句、问答、听写、默写、背诵、翻译和作文等，这里不准备一一都谈。

关于问答，我个人的看法，其内容不必机械地限于本节课内所教的课文，主要是要引导学生运用本课和以前学过的词汇和句型来回答。用英语问答的目的是要学生听得快，答得快，所以句子要简短，并宜于模仿范句的句型，来灵活运用学过的词汇。有些笔答的书面作业，还要注意避免布置学生直接抄书就能答出来的问题，而是要学生动脑筋思考，联系运用所有学过的词汇和语法。

听写也是一种很好的练习。通过听写，同时可以练习听，练习书法，练习拼法，同时也可以测验学生理解的程度。听写的内容，不是指教师照着课文读，学生照着写，而是要教师用学生学过的词汇和句型，编成句子或短语（phrase）让学生听写。这样才更有利于提高学生听和写的能力。

对于背诵，现在大家都很重视，这是必要的。背诵最好在学生理解课文或句子的内容的基础上进行，有些问答的课文还可以用来让学生平时练习对话，互相问答。这样，一方面可以减轻他们背诵的负担，另一方面背了就可以活用。所背的课文，要选择具有典范性的作品，这对学生学习纯粹的英语很为重要。

不论哪一种练习，都要注意有重点，每次专门练习一种句型。当学生练习完一种句型，能够掌握运用后，再结合以前学过的，进行复习。在纠正学生练习中的错误时，要先把正确的告诉他们，学生知道了怎样是正确的，自然也就能够发现自己原来错在什么地方了。

课堂练习，必须要加强。中国学生练习外语，特别是练习说和听，一般是缺乏这种环境和条件的，最主要的练习场合是在课堂上，所以加强课堂练习很重要。要让学生在课堂上增加练习的机会，教师就要精讲，凡是学生已经懂得的句子，就不必反复地从英语翻译成汉语，又从汉语翻译成英语，这样，就可以节省出时间来练习。另外，要让学生多听、多说，教师自己首先要在课堂上多说英语，少说中国话。当然，这对于有些教师来说，开始时也许有一定程度的困难，但是教师只要跟着课文和课本中的课堂用语，大胆地用起来，边教边练习会话，这种困难也是能够克服的。

练习的内容，要着重最基本的东西和学生不易掌握的英语中特殊惯用语，如基本的词法、句法，和一些常见前置词的习惯用法等，这些都只有通过反复练习和实践，才能掌握。

最后，简单地谈一谈教师的进修。提高英语教学的质量，很重要的一个关键是要提高教师。不论是任教多年还是最近才教英语的教师，都要在原有的基础上提高水平，以适应国家逐步提高外语教学质量的要求。提高的方法，主要是在职进修，结合教学，不断地充实和丰富自己的业务知识。学校里可以适当开展一些教研活动，组织相互听课，充分发挥老教师的作用。学校领导，要体贴教师，经常了解教师教学工作的困难，给以具体帮助，在可能范围内，还要逐步解决外语唱片、教学参考用书、师生课外读物等教学设备问题，以有利于教学。

1962 年 12 月

（原载于《江苏教育》1962 年第 12 期）

八十生辰感言

回忆既往珍惜现在和未来

节到了，我整整 80 岁了。

中国有句老话："人生七十古来稀"。可是，在社会主义新中国，国家繁荣富强，人民生活安定，精神愉快，人生八十并不稀。

老年人喜欢回忆既往，也很珍惜现在和未来，我当然也不例外。

80 年，从人类历史看，只是转瞬的一刹那，而从一个人的经历看，它又是多么漫长！我回顾过去自己走过的道路，感到变迁真是太大了！中国的面目大变，世界的面目也在大变。

解放前国力衰弱遭欺负

在我 80 年的岁月中，经历着新、旧中国两个截然不同的时代。解放前，从 20 年代初开始，我出国留学，回国后，又曾多次出国；解放后，也曾数度出国，参加国际会议，进行友好访问。两个时代，我感受着两种截然不同的情景：在旧中国，我们处处受到帝国主义国家的冷遇、歧视和欺侮，内心感到非常气愤和自卑；而新中国成立后，我每次出国都受到各国人民的热情欢迎和款待，广大国际友人对新中国的代表十分尊重，对我国社会主义革命和社会主义建设成就高度评价，处处使我感到作为一个中国人无比幸福和自豪。

回想我童年时代，八国联军进犯北京，清朝政府被迫签订丧权辱国条约，国势衰弱。1904 年我 12 岁时，进了维新派创办的"杭州女子学校"，老师经常教导我们：中国面临列强瓜分的危险，你们要用功读书，立志救国。老师们的教导，在我幼小的心灵留下深刻的印象，当时却不知道怎样才能救国，怎样才能使祖国走上繁荣富强的道路。

不久，孙中山先生领导辛亥革命，推翻了帝制，建立了共和，我庆幸祖国前途有了希望。可是，接着就是袁世凯称帝，军阀连年混战，列强瓜分势力范围，祖国四分五裂，民不聊生，我又失望地感叹祖国没有出头的日子。1916 年我抱着所谓"读书救国"的愿望，来南京金陵女子大学读书，并立志于所谓"教育救国"。我和当时中国许多知识分子一样，为了向西方国家寻找救国的道理，1922 年我到美国密执安大学留学。记得当时有个西方国家总理向密执安大学全体学生讲演，竟胡说："中国不算一个近代国家，邻近的亚洲国家应当就近移民到中国去。"我们中国学生对这种侮辱气愤极了，我写了一篇文章投刊"大学日报"，予以驳斥。可是由于当时我国衰弱，抗议有什么用呢！1928 年我回国，担任美国教会办的金陵女子大学校长，目睹国民党当局腐败无能，我国继续遭受列强帝国主义的欺负和宰割，人民处于水深火热之中，我的内心十分矛盾和痛苦。

在毛泽东和共产党领导下，中国人民革命斗争胜利了，新中国诞生了。全国人民在党的革命路线的指引下，经过短短 23 年的努力，就把一个贫穷落后的半封建半殖民地的旧中国，建设成为一个初步繁荣昌盛的社会主义新中国。我国工农业生产蒸蒸日上，科学文化事业蓬勃发展，人民生活逐步提高。在毛泽东的革命外交路线的指引下，我国的国际影响日益扩大，我们的朋友越来越多。已有80多个国家和地区和我国建立了外交关系。

解放后数度出国受欢迎

解放以来，我作为新中国的一名使者，曾经数度出国。50年代中期，我曾先后两次到欧洲出席维也纳和赫尔辛基召开的国际会议，到会的各国代表对中国代表十分亲切热情，对新中国的建设成就表示由衷的赞赏。我所接触的许多友好人士，都希望有机会亲自到中国来看看。我也曾作为中国教育工会的代表，到日本进行友好访问。日本人民和教育界人士的热情欢迎和接待，使我深受感动。我们所到之处，都洋溢着中日人民友好的热烈气氛。一位日本少年特地把他的图画作业送给我们作留念，并要我们转达日本青少年对中国青少年的真挚友情。

1971年11月5日，中华人民共和国代表团出席第二十六届联大全体会议时，受到了极其热烈的欢迎。不少代表在发言中赞扬了毛泽东对中国革命和建设事业的领导，有的代表还热情地朗诵了毛泽东的诗词。那些热情洋溢的欢迎词表达了世界各国人民对中国人民的信任和兄弟般的情谊。对此，每一个爱国的中国人都感到振奋与自豪！

在联合国的不同遭遇

现在，当想起这一盛况，不禁使我回忆起1945年，我作为当时中国政府代表团的一员，到旧金山出席联合国"制宪会议"时的情景。

当时，我动身之前，以为我们是"五大强国"之一，必然受到各国代表的尊重。可是事实却完全相反，当时的中国代表团处处受到冷落和歧视，很少有发言权。对照中华人民共和国代表团在前年和去年联合国大会所受到的热烈欢迎和尊重，使我感到新、旧中国的代表，在联合国受到的待遇有天渊之别。

解放以来，我常常接待来我国访问的国际友人。近两年来，欧美各国人士越来越多，我高兴地会见了国际上阔别多年的老朋友，他们都异口同声地赞扬新中国的建设成就，钦佩中国人民崭新的精神面貌，使我受到很大鼓舞和鞭策。

访华友人赞扬我国成就

澳大利亚费兹吉罗得先生，过去曾到过陕西，1959年来我国，重游陕西。到南京时对我说：他惊讶地看见我国内地农村，田地成片，树木成林，同过去荒凉破烂的景象大不相同，这显然是社会主义制度的优越。

前些日子，瑞士议员小组到南京访问，有位朋友对长江大桥很感兴趣。他参观后说："这座现代化的钢铁长桥本身，就是新中国重工业和科学技术迅速发展的标志。"

英国坎特培里前市长威廉姆森夫人，最近第五次来我国访问，这次她是特地陪同她的老先生一道来中国的。老先生对我说：新中国给他最深刻的印象是，没有失业，物价稳定。而失业、物价上涨、通货膨胀是西方国家没法解决的问题。

出生于我国山东省的美国普爱德女士，现已85岁高龄，最近她来我国，特地到她出生地蓬莱县访问。她来南京时，一见面就说："新中国农村的面貌完全不同了，农民住上了新房屋，家里有了自行车、收音机、缝纫机。"她高兴地对我说，她要把我国农民赠送给她的两口袋花生和苹果带回美国去，让朋友们亲口尝尝中国的农产品。

美国女作家，"远东报道者"陆慕德女士，这次来南京对我说：农业上的"绿色革命"（即采用激素刺激植物生长），西方国家搞得很复杂，很难做，到新中国来一看，哪知道中国农村也在做这类农用激素。农民早已用它来促进作物生长，提高产量。她还说："新中国科学技术的任何发明，都立即推广，不是为个人专利，而是供全体人民采用。"陆慕德女士的见解，反映了我国社会主义制度的优越性。

国际友好人士对新中国人民的深情厚谊，使我十分激动。我越来越深刻地认识到：只有社会主义能够救中国。过去我所向往的所谓"读书救国""教育救国"，不过是出于书呆子的幻想。

现在，我虽然已 80 高龄了，但看到社会主义祖国日益繁荣昌盛，我们的朋友越来越多，自己还能为执行新中国的革命外交路线，加强与各国人民的友好往来贡献一分力量，就感到自己越活越年轻了。在台湾的老朋友、老同事和老同学们，你们听到祖国的巨大变化，一定和我们一样，感到高兴和自豪。

1973 年 1 月 21 日

（选自《吴贻芳纪念集》，江苏教育出版社 1987 年版，第 81—82 页）

给崔可石同学①的信

可石同学：

多年未见，忽得来信，真是高兴。我是 7 月 7 日和江苏省人大代表、政协委员一起回宁的。

这次去美是因密校妇女校友会授予二个小奖品和出席金女大在美双周年会聚会的原因，以个人身份出去的。有黄续汉同学陪去，主要目的是叙旧友、交新友，未作正式参观，有忙有闲，所以两个月零两天后回到北京，朋友们都说我长胖了。年纪老了，很容易疲劳，恢复又较慢。回宁后领导上一再让我多休息，但是总有客人来，有些单位要我去谈访美的观感，又出席了一周省政协全体会议，所以直到现在还没有完全恢复。领导上给了种种照顾，从昨天起让我在这个招待所隐居两周，我也希望乘此机会写几封信。说老实话，我从离开安恩阿勃和其他城市，就没有写过信去感谢他们的招待，所以信债堆积如山。现在从容易的写起，因而先给你写了。

在美会见许多女大校友，万分高兴。美国朋友也对我国真诚地友

① 崔可石，金女大校友，曾在金女大任教。

好，不过她们是不问政治的。美国社会，自然是工业科技发展迅速，与我 1954 年最后一次访美相比大不同了。至于社会风气则往乱的方向走去。电视节目，更是无奇不有。美国最基本的民主原则，友好待人的精神，以劳动获取报酬为生等进步面保持着；另一方面则有"不安全感"，找工作困难，浪费大（他们的理论是多消费，多生产，多提供就业机会），家庭观念淡薄，男女关系混乱，吸毒等阴暗面。

我发现，即使在资本主义国家里，政府也已经发现了群众的重要性，所以对穷苦群众的社会救济，医药补助，发放食品券等，予以重视。但人们对纳税不满，认为"我们辛勤劳动所得，倒给那些不劳动的人坐享现成"。虽有种种不安现象，但是政治革命不会发生，已经获得权利的人们是要尽力保住的。

专颂

暑安！

吴贻芳

1979 年 8 月 13 日

（选自《吴贻芳纪念集》，江苏教育出版社 1987 年版，第 83 页）

中国民主促进会江苏省
第二次会员代表大会开幕词

各位代表，各位同志：

中国民主促进会江苏省第二次会员代表大会现在开幕了。

这次代表大会是在会中央和中共江苏省委的亲切关怀下召开的。"文化大革命"中，由于革命统一战线受到林彪、"四人帮"的严重破坏，我会自1962年1月第一次会员代表大会以来，已经有18年没有召开这样的大会了。粉碎了"四人帮"以后，党中央重申并贯彻统一战线政策，才有民主党派的新生。回顾过去，看到现在，展望未来，真是心情激动，思绪万千。在这难忘的时刻，请允许我代表到会的全体同志、全体会员，向领导我们前进的伟大、光荣、正确的中国共产党致以最崇高的敬意！

同志们，出席这次大会的代表有60人，其中当然代表43人，地方组织代表35人，特邀代表9人，列席代表3人，其中女代表17人，占代表总数的27.4%。代表们来自文化、教育、科技各个方面，高校代表14人，中学21人，小学9人，文化科技7人，退休同志5人，60位代表中区以上先进工作者有12个。到会代表中，80岁以上有4人。70

岁以上有 14 人，最大的 87 岁，最小的 53 岁，平均年龄 64.5 岁。代表们来自我省各地，他们大多数战斗在各自的岗位上，辛勤劳动。这次大会具有广泛的代表性，是我会全体同志团结的象征。请允许我代表民进江苏省委会，向来自各地的代表和参加大会工作的同志致以亲切的问候。

这次代表大会正是在全国人民实现工作着重点转移到社会主义现代化建设上来，贯彻以调整为核心的"八字方针"初见成效，工农业连续增产，文教、科技、卫生等大有发展的大好形势下召开了。正是在我们满怀喜悦和胜利信心跨进了大有希望的 80 年代第一个春天的时候召开的。我们的指导思想是：学习形势，提高认识，鼓舞斗志，遵循党的十一届三中全会、四中全会和全国十五届人大二次会议精神，遵循叶剑英委员长在庆祝中华人民共和国成立三十周年大会上的讲话的精神，贯彻会中央"四大"决议精神，贯彻江苏省五届人大二次会议、政协四届三次会议精神，达到统一认识，增强信心，调动一切积极因素，为实现我国社会主义现代化建设和台湾回归祖国、统一祖国大业而贡献力量。我们这次大会的主要内容是：（一）进行形势教育；（二）总结我省第一届委员会的工作，确定任务；（三）交流为四化服务的经验；（四）选举民进江苏省第二届委员会。

各位代表，各位同志，当前，我国已经进入了一个以社会主义现代化建设为中心任务新的历史时期，国内的阶级状况已经发生了根本变化，统一战线也进入了一个新的历史阶段，发展成为革命的爱国的统一战线，民主党派已经成为各自联系的一部分社会主义劳动者和拥护社会主义爱国者的政治联盟，成为为社会主义服务的政治力量。

同志们，最近邓小平副主席在《目前的形势和任务》报告中向我们指出，80 年代三件大事是长期的任务。我们要解放思想，认真学习，认清形势，明确任务，我们要本着发扬民主的精神，畅所欲言，广开言路，做党的诤友。我们要坚持实践是检验真理唯一标准的原则，总结我们过去的工作，共商今后的会务大计。我们要共同努力，把这次大会开好，开成一个团结的大会，献计献策的大会，胜利的大会。让我们更加紧密地团结在党的周围，坚持四项基本原则，做安定团结的促进派，做四个现代化的促进派，做统一祖国大业的促进派，为把我国建设成为繁荣昌盛的社会主义现代化强国而奋斗。

预祝大会完满成功！各位代表，各位同志身体健康！

1980 年 3 月 2 日

（江苏省民进资料室收藏，内部资料）

加强青少年政治思想教育刍议

　　1979 年 4 月至 6 月间，我应美国密执安大学妇女校友会的邀请，进行了私人访问。在美国我参观了一些学校和先进的教学设施。同时也耳闻目睹了美国教育中存在的弊病。一位大学校长在回答我的问题时说，如何把美国青少年教育成为良好的公民，这是教育界面临的最令人焦虑的问题。当时我暗自庆幸，认为这个问题在中国早已很好地解决了。但是回国以后，遇到许多实际情况却使我深深感到，我国目前青少年的思想教育问题，不但没有解决，而且要给予极大的重视，非痛下决心加以解决不可。当然，中美两国青少年的问题在性质上是不相同的。我以为今天青少年存在的问题，既有思想问题，也有实际问题，应从两方面予以解决。我就试从这两个方面提点建议。

恢复和发扬党的优良传统是搞好青少年思想教育的前提

　　青年一代在社会中生活和成长，社会风气的好坏对于他们思想品德的形成起着潜移默化的作用。而在我国，只有用好的党风才能带出好的社会风气。领导我们事业的党有着优良的传统和令人折服的作风，解放以后，老一辈革命家和广大党员、干部用他们先人民之忧而忧、后人民之乐而乐的无私精神和崇高品行感染了人民，教育了人民，旧社会遗留下来的弱肉强食、尔虞我诈的恶劣风气荡涤一空，崭新的社会主义风尚代之而兴，那时的青少年朝气蓬勃，知礼守法，有远大的革命理想。只要是不持偏见的人，都会从他们身上看到党的伟大，看到社会主义中国的灿烂前程。这一切给我的印象实在深刻。我原以为我国青少年的思想教育早已不成问题的原因就在于此。

现在大家都在议论社会风气大不如从前了，特别是一些青少年没有理想、没有法纪和道德观念，甚至不懂最起码的礼貌。造成这种状况的根本原因是在十年内乱中，党风被林彪、"四人帮"严重地败坏了。因此，要加强青少年的思想教育，使它收到实际效果，就首先必须搞好党风，恢复和发扬党的优良传统。如果在青少年身边不时出现某些党员或党的干部违法乱纪，做出有损于人民的事情，却让他们相信和接受艰苦奋斗、廉洁奉公的宣传，是不可能的。粉碎"四人帮"以后，特别是《关于党内政治生活的若干准则》公布以后，我们党的优良传统和作风得到了恢复和发扬。我相信只要坚持下去，广大青少年就会真正感到革命的大道理同生活的实际是统一的，这些道理是能够接受的。不光是党员、干部，连学校里的教师、家庭中的父母、社会上年长的人，都应该注意到这个问题，用自己的模范行为去教育和影响青年一代，使自己真正成为他们学习的榜样。特别是教育工作者，不仅要不断丰富科学知识，积累教育、教学经验，而且要不断提高自己的政治、思想、道德水平，才足以为人师表。

根据时代的特点，联系青少年的实际，进行切实可行、生动有力的正面教育

从前有些行之有效的教育活动，如"忆苦思甜""学习雷锋"等等，今天仍然可行。但是，如果仅限于此，就显得不够了。思想教育内

容和方式都必须适合当前青少年的特点，带有时代气息。

从思想教育的内容来讲，我以为在今天新的形势下，应该特别注意以下三点：

第一，共产主义道德规范、法纪观念、礼貌文明习惯，应当作为青少年政治思想教育的一个基本内容。不仅要对少年儿童进行这方面的教育，而且要为青年补好这一课。

第二，除了用"忆苦思甜"的活动来启发青少年立下继续革命的志向外，更需要用实现四个现代化的宏伟愿景来激发他们的革命热忱和干劲。

第三，要为青少年树立各种类型的学习榜样，特别要注意宣传生活在他们中间，与他们有共同经历的先进模范人物。只有这样，才能使他们感到亲切感人，真实可信，从而产生学先进、赶先进的愿望。

对于思想教育的方式，我以为应该灵活多样，符合青少年的年龄特征、兴趣和爱好。近来，报章杂志报道了许多助人为乐、英勇对敌、爱惜公物、勤俭节约、刻苦学习、勇攀科学高峰、钻研业务、积极为四化做贡献等好人好事，起到了很好的宣传教育作用。如果能够把这些内容写成故事，印成青少年读物；编成剧本、拍成电影；或者利用电台、电视这些青少年喜闻乐见的宣传工具加以广泛宣传，那么青少年的政治思想工作就会做得更加丰富多彩，收到更好的效果。

另外，思想教育必须从小抓起，各方面都要加以重视。

记得我读小学的时候，有一天，地方上举行迎神赛会，十分热闹。有一位女教师要去听讲演，为了避赶庙会的嫌疑，就带我一同去，以便将来给她当证明人。万没想到，这次偶然的机会，却使我受到了终身不忘的爱国主义教育。在那次讲演会上，有几位人士登台呼吁抗议美国迫害华工。事实是：美国要兴建通向西海岸的铁路缺乏劳动力，就大批招募华工。等这条从东到西很长的铁路修成了，资本家不再需用劳动力，就停付工资，遣散他们。这些中国劳动人民远离家乡，没有路费怎能回家，于是就流落他乡，求告无门，所以在杭州的新闻界人士举行大会，呼吁抵制美货，以示抗议。这次讲演使我幼小的心灵萌发了富国强民的志向，而且数十年来一直铭刻在心中，尽管生活道路坎坷不平，这种信念丝毫没有动摇过。我们绝不可以为儿童天真无邪，就忽略了对他们进行必要的思想教育，也不能以为他们什么都该懂，生硬地灌输一些他们根本无法理解的大道理，要给孩子们讲清应该怎样做，为什么这样做的道理，同时也要注意引导他们实践这些道理，从小养成文明礼貌的道德习惯，培养健康的情感。

对青少年进行政治思想教育需要整个社会都关心，都重视。不但是口头上重视，而且要有实际行动。比如，课外活动、校外活动以及一切正当的社会活动，都是青少年接受教育的好机会、好场所。因此，我希望教育部门、行政部门、财政部门同心协力，在人力、物力、财力许可的范围内，尽可能多办这方面的事业。

搞好中国式的现代化，发展社会主义事业，切实解决好青少年的升学、就业问题

近来听说，青少年中的一些人产生了无聊无望的悲观情绪，既痛心又不安。但是，难道能够完全责怪他们吗？究其原因，一方面是由于青年人缺乏实际锻炼，一些人还没有树立明确坚定的生活目标，遇到困难和挫折就容易迷惘以至消沉；另一方面也应当看到由于"四人帮"的破坏，国家有困难，也给青少年带来了诸如升学、就业困难的问题。这就不能简单地靠说服教育的办法，还必须想方设法解决好一些实际问题，为青少年广开学路和就业门路，使他们真正感到社会主义制度的优

越性。为此，我这个"外行"也不得不谈谈自己对繁荣社会主义经济的一点儿想法。

《人民日报》最近发表了好几篇关于发展劳动密集行业的文章和报道，我都认真地读了，非常同意这个意见。近日又欣喜地看到轻工业部已经决定要大力发展劳动密集型产品，这是一个从实际出发的英明决策。劳动密集型行业不但可以多创外汇，为国家积累更多的资金，而且是一个容纳劳动力最多的部门。这样一来，安置大量待业青年就有了新的门路，对于解决青年的思想认识问题也大有促进作用。

从这些文章里我得到启发：为了加速我国四化建设，引进先进技术和先进设备，提高劳动生产率是完全必要的。但是，切不可忘记我国人口众多这个特点。人多，给我们的经济发展、就业安排，都带来了一定的困难，是个不利因素。但是只要我们善于处理，它也有优越之处。我在国外多年，接触到不少海外的亲友，亲身感受到像刺绣、剪纸、景泰蓝制品、丝绸，乃至一张小小的精致贺年片这样一些具有中国特色的手工艺品，在国际市场上都备受赞赏，很有竞争力。中国的手工业历史悠久，誉满全球，理应继承和发扬，而且它有投资少、获利多，又可招收大量待业青年的优点，应该大力兴办。这仅仅是举个例子。总之，我们须从我国人口众多这个实际情况出发，搞中国式的四个现代化。

与此相连的还有一个学制改革问题。中等教育结构单一化，使得许多青年学生走上社会时没有一技之长，还得重新训练两年乃至两年以上，国家既受损失，他们自己也深为苦恼，难免觉得自己是个无用之才。减少普通高中的数量，大量增设技工学校和职业学校，是当前学制改革中的一项重要任务。专业设置应该适应不同地区的各自特点。比如在江苏省，除了设置一些现代化工农业技术课程外，也不可忽视缫丝、刺绣、种茶等职业教育。这样才能既保证了我国具有特色的传统工艺后继有人，又可以使更多的青少年掌握一技之长。他们有了技术，又有了就业机会，可以及早地成为自食其力的人，为国家做出贡献，自然就会产生一种积极进取的自豪感。这时再同他们谈理想、谈抱负、谈全心全意为人民服务就可以言之有物、令人信服了。

（原载于《民进》1980 年 7 月号）

教育体制的改革
一定要注意青年就业问题

　　我读了6月2日《人民日报》第五版《论发展劳动密集行业》一文，颇受启发。文章的立论是正确的，符合我国实际情况。

　　大家都知道，我们的国家有两个特点：一是人口多，劳动就业的问题很突出。二是底子薄、基础差，是世界上贫穷国家之一。从这实际情况出发，在我国工业现代化过程中，应该注意发展投资少，周转快，容纳劳动力多，积累快，市场需要，扩大出口大有前途的轻工业和手工业，特别是应该重点发展劳动密集型行业，以"轻"养"重"，以"手"辅"机"，以发展劳动密集行业来促进资金密集行业的发展。

　　最近，国务院对轻工业部发出指示，要求积极采取措施，较大地发展投资少，容纳劳动力较多的部门，具体提出工艺美术等七个行业的13类产品。发展这些劳动密集行业，可以扬我之长，避我所短，好处甚多。我认为，甚多好处中的一项，就是有利于青年就业。

　　现在，普通中学毕业生升入高等院校的只有4%左右，其余96%除一小部分考入中等技术专业学校外，绝大多数毕业后不能很快就业，也很少有其他就学门路，只能在家待业。去年以来，各地虽积极安排了一部分青年就业，但尚有大量青年在待业中。如果不能很好地解决这个问题，随着不能升入高等院校青年的数字增加，待业人数还会增多，这是一个需要十分重视的问题。

当前，一些青少年思想上、品德上存在不少问题，有的甚至走上犯罪道路。这不能全怪他们，要看到林彪、"四人帮"十年内乱对他们的影响，要看到教育上的问题和社会原因，也要看到就业这个实际问题。就业困难使一些人感到没有出路，产生了悲观失望情绪。这既是一个教育问题，又是一个具体的经济问题，必需认真研究，切实解决。

因此，我认为，在制定教育计划和改革教育体制中，一定要注意青年的就业问题。比如，除考虑资金密集行业所需的各项专门科学技术人才的培养以外，也要考虑发展劳动密集行业所需的各项技艺、技术人才的培养。在工业方面，就可适当发展一些丝绸、刺绣、玉石、牙骨雕刻、漆器、景泰蓝制品、陶瓷制品、玻璃制品、刻花等工艺美术，以及制茶、罐头制品、服装、皮革毛皮等技术院校乃至研究所。还可适当举办短期的技术训练班。那些专业最符合国家需要，可以在发展中不断地调整、补充、修改。这样，不仅可以培养大量的人才，发展我国经济，同时可以使青年具备劳动就业的技能和技术。

发展劳动密集行业，给青年以更多就业机会。青年人有了工作，还要在集体的组织中对他们进行教育。要培养他们的劳动习惯，要让他们懂得自己的劳动对集体、对人民、对国家是有益的，是一种贡献。同时，还要使他们会劳动，尤其是没有经过专门技术训练的青年工人，要让他们学会本行的手艺和技术。这就要对已就业的青年，运用多种方式、方法，如举办各种业余的技术学校和技术训练班，帮助他们提高技术。在有传统特色的行业中，还应动员老艺人、老工人带徒弟传授技艺，教育青年工人认真向老师傅学习，并且鼓励他们运用科学文化知识，在继承传统的基础上加以发展。

(原载于《人民日报》1980年10月4日)

在金女大上海校友会的讲话[①]

同学们：

我感谢大家对母校所表现的忠诚。回信都那么快，恢复校友会的工作都是那么认真，这就是我们金女大的金陵精神。从 50 岁的小妹妹，到八十几岁的老姐姐，每个人都保存了这个精神，表现出高度合作的精神和对母校的忠诚。正如社会上对金女大同学的评价那样：金女大的同学做事认真，要么不答应人家，答应别人的事，就要认真负责。

我回忆了在校时的情况，学校当时有个传统，就是毕业生离校的前一天晚上，教师与毕业生在五百号搞一个晚餐会，每个老师包括校长都要说一个短的不太严肃的故事、短语等。有一次我说了一个谜语。现在再说一遍让大家猜猜。"象牙坛儿紫檀盖，里边坐着一棵小白菜。"（大家猜谜，有人说是莲子）对了，是莲子，莲子洁白如象牙，象牙是纯洁的，紫檀木是很刚强坚实的木材。它揭示了做人的哲理，我们做人就要心地纯真，要有自己的立场、原则，要有刚强的意志。但是，这珍贵的坛儿里边不是放的金银财宝，而是一棵小白菜，小白菜是普通的蔬菜，

---

① 本文根据录音整理，有删节。

但是它有营养，贫富老少都离不开它。我们做人就要像小白菜那样，做一个普通的人，平易近人，和大家在一起，勤勤恳恳为人民服务，让你的服务对象付出最少的代价，得到最大的实惠。正如刚才杨莲瑞同学所说的，大家在社会上都有所表现。如胡秀英，她是徐州人，原是学生物的，后在美国哈佛大学植物分类学任教授，现在正在成都讲学，以后还要到内蒙古。陈福和原来是学化学的；她在美国转学了兽医，回国讲学首先到了牧区。九江的熊菊贞，在耶鲁医学院是两个女教授中的一个，她专门研究病毒被北京医学院请来。去年我带来了她的一篇论文交给科研部门。还有那个医治"大腿病"的专家郁采繁，1979 年回国讲学，听说新疆有这种病，立即就要去新疆。同学们都希望能帮助祖国的建设。在国内的同学也见到几个，潘耀琼在武汉大学外文系做了系主任。在北京的，有 1932 年毕业的刘家其，在北京医科大学眼科。还有个俞霭峰是搞妇科的。

我们的同学在社会上做的工作不少，贡献不小，以上讲的仅是举几个代表。

所谓丰厚的生命，不是为一个人，从前我们讲服务社会，社会是前进的，事情是发展的，我们中国也是发展的。过去我们在美国读书时衣服穿戴得整齐些，他们就说我们是日本人。参观实习，有机密的地方允许中国人进去，而不允许日本人进去。说日本人聪明，会把他们的机密学去，说我们不懂，看看就算了，不用提防我们。他们瞧不起我们中国人。现在不同了，出国学习的教师、学生不少。得诺贝尔奖奖金的也有我们中国人。严莲韵的女儿告诉我，她的表姐是美国一个大公司的总裁。贝玉岭是个建筑师，她父亲是建国银行行长。她在华盛顿搞了一个大型建筑设计，美国总统卡特去参观都很赞赏，并让她在顶层加一个东西，整个设计都是她一个人搞的。

夏天，我们不是也搞了一个导弹吗？这说明我们中国人有能力有智慧，特别是在中国共产党领导之下，全国一盘棋，大家团结协作。这是其他国家和无论光绪、宣统还是蒋介石时代都做不到的。

八月份我在北京开了政协、人大两个代表会，后来《人民日报》发了一个社论，称之为"民主的大会，改革的大会"。我就把这个民主、改革的大会说一说。

为什么叫民主的大会呢？西方把在中国共产党领导下召开的人民代表大会，称之为"橡皮图章"。意思是党把一切都搞好了，只要到大会上就通一通，盖上图章就行了。这次不同了，那天做执行主席的是彭真同志，修改宪法，要废除"四大"（大鸣、大放、大字报、大辩论），小组会上讨论通过了，还要拿到大会上去通过，大家纷纷举手，表示赞同，彭真同志说："一致通过。"后来，有一个人上台说，不是一致通过，有一个人举反对票。大会马上作了更正。在通过婚姻法时，西藏的代表都弃权。大会民主气氛很好，畅所欲言。

大会还把各部部长请去咨询。大家对渤海二号沉船事件意见很大，化工部长被请来了，当时对问题回答得不错。次日大家说他的回答避重就轻，没有揭露问题的实质，后来撤了他的职。冶金部的人也被请来了，就是为了宝钢问题。大家对顶职不满，很有意见，就把劳动总局局长请来了。教育界的代表反映老教师退休让乡下的孩子来顶职。我问了一句幼稚的话，"他来做什么？去当勤杂工，做炊事员，他们肯吗？"一个老师告诉我说："这你就不懂了，一进了学校，就成了全民单位的工作人员了，以后到哪里都好办了。"我们江苏省的张副省长，就是张状元（张謇）的孙子张绪武同志，他是搞工业的，他说："工厂里工人退休，子女顶职，工人队伍素质下降了，影响了生产。"

这个会是会议民主的开端。大家很兴奋，特别是十年内乱，大家都受了冤枉，遭了罪，有了这个机会，大家畅所欲言，把话都说出来。邓副主席实事求是地讲了我们的缺点，大家都很信服。"四人帮"打倒了，大家很兴奋，搞十年规划，要建设十几个大庆、十几个鞍钢……这是可以理解的，但现在看来是难以实现的。因为我们和战后的日本、西德不同。当时，他们的城市变成了一片瓦砾，机器被破坏了，然而技术人员没有死光。有人才有技术，一旦买了机器很快就上去了。而我们呢，缺乏技术人才，要在短时间内上去不可能。所以，要重新考虑我们的计划，要实事求是。

所谓改革的大会，最重要的是党政分开。我们的干部职工要有责任感、义务感、紧迫感。我们所处的时代是非常宝贵的，我们要争取在和平时期把我们的国家建设好。这就要求我们每个人要有闯劲、钻劲、韧劲。假如说我们都是一棵普通的小白菜，我希望我们的小白菜都成长为大白菜，能够为人民做出更大的贡献。目前我们要完成三桩大事，特别是台湾回归祖国的问题，我们大家都有亲友、同学在台湾和海外各地，我们要加强和他们的联系，大家共同为祖国的统一做出贡献。

1980 年 11 月

（选自《吴贻芳纪念集》，江苏教育出版社 1987 年版，第 89—90 页）

爱国爱党爱人民

　　在伟大的中国共产党成立六十周年的大喜日子到来之际，我脑海里又浮现出 1949 年 10 月 1 日的情景：毛泽东主席在天安门升起了第一面五星红旗，并且向全世界宣布：中华人民共和国成立了，中国人民从此站起来了。几千年极少数剥削者统治中国绝大多数人的历史结束了，一百多年帝国主义、殖民主义奴役中国人民的时代结束了，广大劳动人民成了新中国的主人。想到这些，我就深深地感到：没有共产党就没有新中国。

　　我已是近 90 岁的人了。老年人的习惯是喜欢回忆过去。想起了旧中国，我的内心就很不平静。早在七八岁时，我的祖母就常常很伤感地告诉我帝国主义入侵的故事，什么外国洋枪队攻入北京，皇太后逃难到西安等等。之后，遇到的事情，都是我们祖国受帝国主义欺凌和屈辱的悲惨历史。最难忘的是 1937 年 12 月 2 日那一天，金陵女大因日本帝国主义的入侵被迫迁到成都。船从南京下关出发。当时作为一个中国人的我，没有自己的轮船可乘，坐的却是英国怡和公司的轮船。日本飞机轰炸的警报一响，轮船就从码头驶靠江心一艘英国军舰作"保护"，警报解除，船又重新回到码头。那天空袭七次，轮船就这么从码头到军舰来回七次。江岸上无数难民携老扶幼，被国民党政府遗弃，任凭日本飞机的轰炸。面对着祖国遭蹂躏、同胞被屠杀的情景，我真是心痛欲碎啊！帝国主义侵略、压迫，使我萌发了爱国主义的思想。我觉得，没有一个强大的祖国就得任人宰割。我们要爱祖国啊。可是爱什么样的国，怎样爱国呢？相当长的时间内并不明确，只知道要使我们的祖国强大起来。事实证明，在旧中国，我的许多良好愿望都无济于事。以办教育为例，我希望通过培养人才来为社会服务，建设祖国。当时只知道抓基础知识，不过问政治。结果呢？总是达不到目的。特别在解放战争阶段，国民党反动派越发倒行逆施。1947年发生了震惊中外的"五二〇"事件。当时国民参政会正在南京召开，在午餐时，我就向蒋介石提出来，把警察局长调走（当时只敢提调走，未敢提惩办），因为警察名曰维持秩序，实际追逐学生。蒋介石连这样的话都听不进，居然气得手发抖，恶狠狠地说："共产党不从学校赶出去，学校是没法办下去的。"我听到以后，感到很失望。在这样的政府的统治下，搞教育有什么用？后来初步接触到一些马列著作、毛泽东思想，才开始明白，不改变社会制度，教育是不能救国的。何况旧社会的教育又是为谁服务的呢？所以，国民党两次要我出任教育部长，我都拒绝了。南京临解放时，国民党当局送来了最后的飞机票，要我同去台湾，我也拒绝了。相反地，解放以后党要我担任江苏省教育厅长，我是很乐意的。因为前者是反动的官衔，后者是人民勤务员的职务啊！我们爱的是社会主义祖国。在推翻了三座大山成立了新中国以后，就是要靠我们勤劳的双手来一砖一瓦地把社会主义大厦建设起来。

现在有些青年人，对物质生活、政治生活、精神生活总感到不满足，以为资本主义国家好，甚至有的以为旧社会也有"民主"。我经过几个时代，有历史的比较，又多次出过国，也有对比。比来比去，还是共产党最好，社会主义最优越。资本主义是没有前途的，旧中国更不值一提。在旧中国我是头面人物，蒋介石连我的那种很温和的话都听不进，还有什么"民主"可言呢？有的是残酷镇压。至于资本主义国家，人们普遍缺乏安全感。青年们为了谋求他们的所谓"前途"，互相钩心斗角、尔虞我诈，凶杀、吸毒等五花八门的事经常发生，有的青年整天沉溺在宗教造成的幻觉之中，追求解脱，进入"幻想的世界"。这是痼疾，我们有些青年却把它当成宝贝，这是个严重的问题。我是搞教育的，教育青少年德智体全面发展，现在或将来积极地为社会主义四化建设服务，这就是我经常考虑的事。我虽然年事已高，但为了教育好下一代，我要到实际斗争中去找任务，以主人翁态度干工作，要教育青少年，把个人的利益同祖国、党和人民的利益联系在一起，把个人的前途同祖国、党和人民的前途联系在一起，认清"没有共产党就没有新中国""只有社会主义能够救中国"的真理，爱国爱党爱人民，做社会主义现代化的促进派。

（原载于《新华日报》1981 年 6 月）

在南师附中建校七十九周年
庆祝大会上的讲话

南师附中全体师生员工、老校友以及今天到会的同志们：

今天大家欢聚在一起来热烈庆祝南师附中建校 79 周年，我虚岁已 89 岁了，就让我以这老人的身份来祝贺南师附中的校庆吧。

刚才，我看了你们的校史展览室，受到很大教育，触动也很大。第一栏就表明了贵校的知名校友确实很多。我们大家知道的有巴金等人，而在展览中除掉许多出名的老校友之外，还有一栏是专门介绍自学成才的校友，那就是毕业后未能升学，但自己坚持自学做出贡献而取得了优异的成绩。我就看见有一名已成为著名的数学家。这说明南师附中给予他们坚实的文化基础，这完全是老师辛勤教学的功劳。这许多校友对社会主义建设做出了很多贡献。还有一栏给我一个最大的启发的就是在平凡工作当中做出了贡献的那些校友。我们要建设社会主义的祖国，就需要各方面的人才，为国民经济、人民生活，贡献他们的才智。不要以为我们是受过教育的，我们就不能从事体力劳动，无论是修理汽车，或者从事其他体力劳动，那种旧的士大夫观念是绝对要不得的。在这次展览中，我看到了这一栏，留下了很深刻的印象。我看到南师附中对每个学生都注意德、智、体全面发展，对于老校友来说，他们的智力以及其他能力也都是全面发展着的。我们不能只注意什么尖子班、快班的少数人，我们社会主义的大厦，是需要全体人民以高度的责任心和爱国心去共同建造的，四个现代化的强国是要靠大家共同努力。

我在昨天同大家一样听了叶委员长的重要讲话，感受是很深的。我们共产党向来是以国家的利益、全体人民的利益作为第一需要，而不谋一人一党的私利，这才提出与国民党以对等谈判促成国共第三次合作，完成台湾省回归祖国的统一大业。当前世界的形势，需要我们正视今天的霸权主义者的全球战略，它运用侵略、威胁、控制、利诱等手法，不断扩张它的势力。近年来它侵略了阿富汗，利用越南侵占柬埔寨，就是现实的例证。我们中华人民共和国要以一个统一繁荣的社会主义强国，与世界上一切爱好和平的各国人民一道维护世界和平，制止世界大战的爆发。邓副主席说过，我国要对世界做出更多的贡献，就必须把国内事情首先办好。我想，为了完成祖国的统一大业，为了振兴中华，国共两党应当以诚相见尽快实现第三次合作。我盼望蒋经国先生尊重人民的意志，顺应历史潮流，以民族大义为重，以国家利益为重，早下决心，捐弃前嫌，为统一祖国做出贡献。

在伟大、光荣、正确的共产党领导下，我们国家的前途是光明的，人民的前途是光明的，学校的前途也是光明的。今天南师附中热烈地庆祝七十九周年校庆，再过 11 年到庆祝九十周年校庆时，我一定拄着两根拐杖亲自来参加！

祝大会圆满成功！

祝同志们身体健康！

1981 年 10 月 1 日

（选自《吴贻芳纪念集》，江苏教育出版社 1987 年版，第 94 页）

中国民主促进会江苏省委员会
为四化建设服务经验交流会开幕词

各位同志：

中国民主促进会江苏省委员会为四化建设服务经验交流会现在开幕了。

我们向前来参加交流会的有关方面负责同志表示热烈的欢迎。

我们向来自各地方组织的负责人和参加经验交流的同志表示热烈的欢迎。

党的三中全会以来，把工作的着重点转移到社会主义建设上来以后，提出了要把我国建设成为具有社会主义现代化工业、农业、科学、国防的强国，号召全国人民群策群力，为之努力奋斗。民进广大会员响应党的号召，在各自的工作岗位上积极努力，为四化建设服务。涌现出了一批优秀教师、先进工作者、劳动模范、"三八"红旗手、特级教师，还有一大批无名英雄。我们向这些同志表示热烈的祝贺和崇高的敬意。我们要把祖国建设成为一个现代化的、高度民主、高度文明的强国。这次是全中国人民的根本利益，是多少年来无数革命先烈流血牺牲、前赴后继为之奋斗的目标，也是我们民进每一个会员的共同愿望，在党中央的正确方针政策的鼓舞或指引下，我会中央在全国第四次代表大会上明确了我会在社会主义新的历史时期的性质和任务。去年，在我会中央成立35年的时候，召开了为四化建设服务经验交流会。再一次号召全体会员争做解放思想的促进派，争当四个现代化的促进派，争当统一祖国的促进派，极大地调动了会员为四化建设服务的积极性。许多同志刻苦学习，忘我工作，为献身四化做出了优异的成绩。为了交流为四化建设服务的经验，表彰先进人物的先进思想和先进事迹，使大家学有榜样，干有方向，进一步调动积极性，发挥创造性，更好地为四化建设贡献力量，民进江苏省委决定召开一次全省性的为四化建设服务经验交流会。

参加这次交流会的有来自于南京、苏州、无锡、南通、扬州和常州的六个市的大学、中学、小学、幼教、文艺出版等界40多位同志，这次交流经验的同志有二三十年会龄的老会员，有新入会的新会员，他们年龄最大的79岁，最小的32岁，多数有几十年的教龄、工龄的同志，大家在各个不同的工作岗位上，共同为四化建设事业做出了可贵的贡献，都有积极为四化建设服务、贡献才智的先进思想和丰富的经验。其中不少同志在十年内乱期间遭到严重迫害，有些同志在1957年就不幸被错划为右派，经过了相当长时间的困难和折磨，经受了严峻的考验，这些同志始终坚信党的领导，坚持走社会主义道路，热爱自己的工作，发挥主人公的精神，勤勤恳恳为社会主义努力工作。

这次交流会，参加交流经验的35位同志，有为学术研究做出贡献；有深入教学第一线，全面贯彻党的教育方针；有勤奋学习，刻苦钻研，提高教育质量；有团结同志，共同为四化服务；有加强对青少年思想政治教育，教书又教人；有争做党的净友，向党献计献策；有为人民作曲，为人民歌唱；有调动教师积极性，办好学校；有全心全意为体育事业服务，有热爱子弟兵创作"九骏图"；有继承发扬评弹特色；有全心全意为美术事业服务；有干一辈子"娃娃头"；有克服困难为国分忧，以及做基层工作，发挥党的助手作用。大家的先进思想、先进事迹和先进经验，通过相互交流，共同研讨，必将进一步启发和激励广大会员，在为四化建设服务中，有更加努力地学习和工作，创造更多的新的经验，作出更为出色的成绩，也必将进一步推动我会今后的工作有更大的发展，进一步发挥我会的组织作用。在这里，我们应该提出，还有许多同志，他们在自己的工作岗位上兢兢业业，忘我劳动，为社会主义革命和建设做出了可贵的贡献。还有不少退休老同志退而不休，继续为四化献出晚年，老骥伏枥，壮心不已。虽然他们没有来参加交流会，我们对这许多同志为四化建设服务做出的成绩和他们的先进思想、先进事迹、先进经验，应该在这里提出表彰。

同志们，党中央六中全会的召开，极大地鼓舞了全国人民，它是继三中全会以后的又一次有重大意义的大会，是党和国家拨乱反正，继往开来的一个新的里程碑，是关系到中国社会主义事业的命运和前途的一个伟大历史转折，是当前形势越来越好的证明。我们要在六中全会决议精神的指引下，继承和发扬我会的优良传统，在以实现四化为核心任务的新时期，继续在党的领导下加倍努力，投身祖国建设大业，积极发挥作用，为实现四化建设和祖国统一大业作出新的贡献！预祝大会圆满成功！

1981 年 11 月

（江苏省民进资料室收藏，内部资料）

纪念陶行知　学习陶行知

——在江苏省陶行知先生诞辰九十周年纪念大会上的讲话

今天是陶行知先生九十诞辰，我们江苏省暨南京市的各界人士隆重集会，纪念陶行知先生。

陶行知先生是一位伟大的人民教育家，是一位跟随中国共产党长期战斗的民主革命运动的坚强战士和社会活动家。陶行知先生1891年10月18日生于安徽省歙县黄潭源村。他出生的年代，是中华民族灾难深重的年代。他家境清寒，生活简朴，从小就对劳苦大众有着深厚的感情。从青年时代起，他就忧国忧民，立志改革社会，振兴中华。

1914年，年青的陶行知怀着救国救民的理想留学美国，始学市政，再转学教育。他深深地以为，中国之所以贫穷落后，主要原因是中国的人民大众，尤其是广大农民没有文化，不懂科学；如果普及教育，提高文化，唤起人们觉醒，则国家有希望，民族能振兴。他留美归国后，怀着一颗为劳苦大众服务的赤诚之心，为普及教育身体力行，躬行实践。在晓庄师范，他与学生一起开荒锄地，挑粪种菜，并谆谆教育学生要会劳动，能吃苦，才能学到知识，办好乡村教育。他以坚韧不拔的毅力，冲破重重的保守势力，致力于改革中国的旧教育，探索着"教育救国"的道路。正如他自己所说："这十几年来，我有时提倡平民教育，有时提倡乡村教育，有时提倡劳苦大众的教育，不知道的人以为我见异思迁，喜欢翻新花样，其实我心中有一个中心问题，这问题便是如何使教育普及，如何使没有机会受到教育的人可以得到所需的教育。"（《普及教育运动小史》）他全力以赴，百折不挠，历经艰辛的精神，令人感动。

但是，他的事业，他的理想，在黑暗的旧中国路路不通，处处碰壁——平民教育破灭了，乡村教育也受挫折，他创办的"晓庄"被封闭了，他心爱的学生被关禁的关禁，被杀害的杀害，他自己也被通缉了。严酷的现实，血写的教训，使他深深地思索起来，什么道路才能拯救灾难深重的祖国，才能解救水深火热中的劳苦大众呢？他经过探索、失败、再探索，终于在斗争实践中省悟到在中国做一个超脱于政治之外的教育家是不可能的，单靠教育不能救国。从同情革命到认识共产党，拥护共产党，自觉接受党的领导，投身到党所领导的新民主主义革命的行业，并为之献出了全部精力。

1930年底，他从日本回国，避居上海租界，他痛定思痛，并亲眼看到了九一八事变和"一·二八"淞沪抗战，看到了蒋介石国民党的不抵抗主义，投降卖国，祸国殃民。他在共产党人和革命青年的影响下，逐渐地懂得了"光靠锄头不中用，联合机器来革命"，他在行动上开展"科学下嫁"运动，发展到组织"山海工学团"，提倡"小先生"制，支持"新安儿童旅行团"等等。他日益地而且自觉地把教育工作和抗日救亡运动紧密联系起来。他就是这样，使晓庄时期形成的"生活教育"理论，注入了新的含义，充实了新的内容。

1935年，是陶行知先生政治立场和教育思想发生根本变化的一年。当时，我们的祖国正处在十分危机的生死存亡关头，中国共产党发表了著名的"八一宣言",号召停止内战,共同抗日,建立抗日民族统一战线。"一二·九"运动的爆发,迅速兴起了抗日救亡运动的新高潮。陶行知先生毅然地响应党的号召,坚定地站在了民族解放运动的最前线。他大声疾呼,奔走呼号。他成立了"全国各界救国联合会",他遍访了欧、美、亚、非28个国家,他组织了"国难教育社",开展国难教育,提倡战时教育,推行全面抗战的全面教育,实施民主教育,把教育与抗日救亡的斗争紧紧地结合起来,进行着艰苦卓绝的斗争。之后,在反独裁、争民主,反内战、争和平的激烈斗争中,他奋不顾身,英勇顽强,奋战到最后一息。这正如周恩来同志所说的:"十年来,陶先生一直跟着毛泽东同志为代表的党的正确路线走,是一个无保留追随党的党外布尔什维克。"

陶行知先生的一生,正像周恩来同志所说的是"对得起民族,对得起人民"的一生,他为着开辟中国劳动人民的新教育道路而艰苦探索,大胆实践,30年如一日,真正做到了鞠躬尽瘁,死而后已。

陶行知先生走过的道路,代表着中国广大革命知识分子的正确道路,如鲁迅先生和邹韬奋同志所走的道路一样。

陶行知先生在美国求学时是从学于杜威的,确实受到过杜威教育思想的影响,而且他回国后也确实走过一段"教育救国"的道路。但是。更为重要的是,要看到他跟杜威有根本区别的一面,看到他后期教育思想的发展和鲜明的人民立场。他的思想,随着中国革命形势的发展变化而不断地进步与向前发展,他由教育救国走上了民族民主革命道路。他的思想和所走的道路,经历了一个艰苦摸索的过程。他不可能是完人,我们不能苛求于他,我们应该实事求是地,而且着重地看他同人民、同革命、同党的关系,看他的发展趋势与努力方向以及对人民对革命所做出的贡献。

同志们,我们伟大的祖国现在已经进入了一个新的历史发展时期。

要把我们的祖国建设成为一个现代化的、高度民主的、高度文明的社会主义强国；要实现台湾回归祖国，这是全民族赋予我们这一代人的光荣使命。我们深切地希望台湾各界人士同我们一道，为完成祖国统一大业，实现振兴中华的宏图，做出积极的贡献。

今天，我们在这里隆重集会，纪念在教育战线上做出了重要贡献的伟大的人民教育家陶行知先生，正是为了学习他的热爱祖国、热爱人民、全心全意地为人民服务的高尚精神；学习他的追求真理，无保留地自觉地接受党的领导，为革命事业百折不挠、勇于献身的革命精神；学习他的艰苦创业的实干精神和培育人才的好经验。我们一定要好好学习、好好研究陶行知的教育理论，并在新的历史条件下加以继承和发展，为完成我们这一代人的光荣使命而努力奋斗。

（原载于《江苏教育》1981 年第 11 期）

为建设高度的精神文明而努力

这次人大和政协大会主要是讨论经济工作，赵紫阳总理的政府工作报告实在好，充满科学性。报告内容非常丰富，实事求是地总结了过去的经济工作，提出了经济建设的十大方针，展望了我国经济发展的美好前景。听了赵总理的报告，我十分兴奋。过去我国经济建设，由于指导思想上犯了"左"的错误，加上十年内乱，因而没有很好地发挥社会主义制度的优越性，使国民经济不能得到健康发展。自从党中央提出了调整、改革、整顿、提高的方针后，这一年来收效显著。拿农村来说，由于落实了农村各项政策，实现了多种生产责任制，农、林、牧、副、渔和其他各种家庭手工业得到全面发展。农民喜气洋洋，积极性大大发挥，收入有了很大的增长。过去农村有些干部瞎指挥，老农只好一言不发，现在政策加科学，农村形势会更好，这是最根本的。农业是基础，农业增产了，对工业发展更有利，整个国民经济发展就有牢固基础了。赵总理说，我国国民经济要稳步前进，健康发展，真正从实际出发，走出一条速度比较实在、经济效益比较好、人民可以得到更多实惠的新路子。赵总理提出的经济建设十大方针，就是我国经济发展走新路子的根本保证。所以我们必须贯彻执行这十大方针，才能使我国经济更好地持续发展。

这次我们民进同志在讨论十大方针时，着重谈了"提高全体劳动者科学文化水平，大力组织科研攻关"这一条。从事现代化建设，需要培养大量的各种专门人才和大批熟练的劳动者。因此，发展教育和科学事业就显得格外重要。现在党中央已经把教育放在很重要的地位，这使我特别高兴。我一生从事教育工作，深深感到要培养人才是很不容易的。现在大家都在议论片面追求升学率的问题，学生负担重，教师负担重。做父母的都希望儿女考上大学，"望子成龙"，这已经形成一股社会风气，不是一下子就能改变过来的。我以为根本的解决办法，要广开青年的就业门路。现在国家允许发展个体经济，作为国营、集体商业的补充。社会上不少待业青年，自找门路，开设饭馆、成衣铺，搞修理行业等等，这对方便人民生活是有好处的。但是，政府有关部门要统筹安排，加强管理，否则也会出问题的。比如南京有个青年，就在我家附近，他自制烧鹅，买卖不错，赚钱很多，后来就赌博、乱搞男女关系，受到拘留。也有些青年搞投机倒把。这都应该引起注意。要给青年创造就业机会，还得改革中学的教育结构，要改变普通中学过多、职业中学太少的状况，使青年能学到一技之长，以利于劳动就业。现在中等技术人才，远不能满足客观的需要。赵总理说，发展农业要靠政策和科学，农民要科学种田，就得有农艺师，所以要多办农业中学和中等技术学校。

另一方面，要加强对青少年的思想教育，要使青年人懂得，不是"万般皆下品，唯有读书高"，在我们社会主义国家，为人民服务都是光荣的。社会职业只有分工不同，没有高低贵贱之分。树立正确的劳动观念，要从小培养。我想强调一下，就是要正确地对待独生子女的教养问题。由于实行计划生育，提倡每对夫妻生育一个孩子，今后"独苗"越来越多。可是据我所知，许多年轻父母，缺乏育儿常识，对幼儿过分讲究饮食卫生和营养，甚至让幼儿吃不该吃的补品，这不但不能增进健康，反而容易引起疾病。家庭教育也很成问题，做爸爸、妈妈、爷爷、奶奶的，有八只眼睛盯着小宝贝。从小娇生惯养，百依百顺，过分的溺爱，使幼儿自幼养成任性等不良习惯和自私心理。不少"独苗"进幼儿园后，与一般儿童表现不同，挑食拣穿，不愿合群，不爱集体，不肯劳动，不听阿姨的话，这种例子很多。我曾到工读学校参观，许多失足青少年，他们犯错误以至于犯罪的根子，往往由于从小家庭教育不良。

所以，我认为全社会都要关心少年儿童的成长，要普及科学的育儿常识，加强对独生子女的教养。要运用广播、电视、报刊等各种宣传工具，进行广泛的宣传教育，出版父母必读之类的通俗小册子。我想在青年男女登记结婚的时候，就可以发给他们这种宣传材料。同时，师范学校的学前教育组，要很好地研究探讨教育独生子女的经验，举办独生子女教育讲座，培训幼教保育人员，提高他们的业务水平。对奖励独生子女的政策规定，也要合情合理，不要使独生子女从小就有"特殊化"的优越感，无形中造成对多子女的歧视。总之，天下做父母的，都疼爱自己的子女，但一定要懂得正确的教育之道。由家庭、学校和社会三方面配合对儿童、少年进行德、智、体的全面教育。

现在关怀儿童已逐渐形成一种社会的新风尚，社会上不断出现为孩子们的健康成长做的好事。前两天我听到一个事例很感动人。中国儿童少年基金会成立后，得到社会各方面的大力支持，短短几个月内，就收到捐献120多万元。其中北京市朝阳区工读学校初一年级的17名同学，原来都是失足青年，他们利用午休时间，冒着酷暑割草，挣来30元钱，捐给基金会。他们在信中说：这份情意确确实实发自我们的心愿，表达对全国少年儿童的衷心祝福。钱虽微薄，但浸透着我们的辛勤汗水，标志着我们的进步和成长。从这个事例，也可以看出失足青年多半是能教育好的。

　　参加这次人大和政协会议，听了赵紫阳总理的报告，我更加体会到在物质文明的建设中，精神文明的建设是与之密切相关不可分离的。而教育事业的发展水平，是社会精神文明程度的标志。我们民进同志大多数是精神文明的建设者，过去我们已经在这方面担负起重大的任务，做出了有益的贡献。在新的一年里，我希望同志们认真学习赵紫阳总理的报告，加倍努力工作，为建设高度的物质文明和高度的精神文明做出新的贡献。

（原载于《民进》1982 年 1 月号）

祝　辞

——祝贺南京师范学院改名南京师范大学

新春佳节刚过，看到了江苏省人民政府的批复，批准将南京师范学院改办为南京师范大学。作为一名老教育工作者，看到自己长期工作过的学校在几十年不断发展的基础上，又有了更加远大的前景，自己多年来的一桩心愿得以实现，思昔抚今，瞻望未来，我的心情和全校师生员工一样，感到无比的高兴。请让我向全校同志们表示热烈的祝贺！

在祖国的四化建设急需人才、现代科学技术发展日新月异的今天，教育战线的同志们肩负重任，大有可为。我校是一所师资力量较为厚实的高校，许多老教授、老教师多年从事教学工作，有丰富的教学经验；更多的中年教师已成长为学校教学和科研的骨干；青年教师队伍也正在成长壮大。同志们为南师的建设和发展倾注了自己的心血。我相信，改办为南京师范大学之后，在党和政府的关怀下，全体师生员工同心同德，继续艰苦创业，奋发努力，一定会使学校各方面的建设取得长足的进步，从而为我省的经济振兴和教育事业发展培养中等教育各方面需要的更多的高质量的教师，以及教育科学研究和教育管理方面的优秀人才，真正把学校办成我省师资培养和教育科学研究的重要基地。

1982 年 3 月

（选自《吴贻芳纪念集》，江苏教育出版社 1987 年版，第 96 页）

给金女大校友的信

亲爱的校友们：

我从广州避寒回来，身体一直不好，因为离广州前，活动较多，回宁后发现血压很高，经服药治疗，虽略有好转，但尚不稳定，两腿乏力，稍不留意容易跌跤。承蒙领导关心，要我在家全休，你们可勿远念。

想和大家谈两个问题：第一是金女大毕业同学对社会做出了什么贡献，我想做个调查，校友们在教育、医疗、社会服务、科学研究等方面，一向勤勤恳恳，有高度的责任心，能与同事合作共事，因而得到了社会好评。例如，刘翼文同学，她在中学教学多年，退休回本县，和几位退休教师一起，筹集资金，借助社会上各方面的力量，从无到有，终于创办了幼儿园。既解决了双职工的困难，又培养教育了下一代，因而深得广大人民群众和家长的赞赏和支持。这就是校友们响应中央号召，为社会主义事业做贡献的具体行动。这仅仅是一个事例，还有许多同学在不同的工作岗位上做了很多工作，由于我们没有调查，了解很少，因此想全面调查一下。

第二是关于"吴贻芳奖学基金"问题。去年上海同学趁五一节来宁游览之际，杨、严①两位同学提议设立"吴贻芳奖学基金"一事。我没有好好考虑就说×××同学既然急于把她的一笔款子捐出，就先由校友会代收保存。杨、严两位回沪后设立了基金募捐委员会，并发函至各地校友会。后经我全面考虑，甚感不妥，故请她们转告各地，取消原建议，这种出尔反尔的做法，当由我负责。我再三考虑，现在设立这种基金会是不妥当的：一是因为党中央领导一再强调要消除个人崇拜的倾向。二是去年各地自然灾害严重，"四化"建设正需要人民群众提供各种贡献（包括经济支援），为国分忧。三是金陵精神是在金女大学习生活中陶冶而成的。每个同学忠于母校，发扬这种精神，不一定用奖学金的颁发保持下去，最重要的是把金陵精神贯彻在我们每个人的实际行动中，并感染子孙后代以及所接触到的人。

上述几点意见，希望你们考虑，并给予支持。

愿你们身体健康，并祝工作顺利。

吴贻芳

1982 年 4 月

（选自《吴贻芳纪念集》，江苏教育出版社 1987 年版，第 97 页）

---

① 杨立林、严莲韵。

爱学生、爱事业、讲求教学方法

——在江苏省教育学会中小学外语教学研究会成立大会上的讲话

首先请让我为江苏省教育学会中小学外语教学研究会的成立表示祝贺。

就江苏省来说，全省各地中小学外语教师推派代表，共同研究外语教学问题，这还是第一次。老年教师、中年教师和青年教师欢聚一堂，交流经验，这的确是一次很好的学习机会。

大会执行主席邬展云同志称我是老教育家，我不敢当；英语虽然教过几年，我还是个门外汉，没有什么可说的，不过我可以讲讲我的一个大笑话。我是1914年开始教英语的，教了大约八九年，1923年到美国读书，改了行，学了生物学。我开始教书的时候，以为懂得一点英语，就可以上课了。第一年当英语教师，我有两个英文字母的发音分不清楚。一是 [l]，一是 [n]。我出生在武昌，这两个声音是不分的。所以，在武昌讲，"你 nai 了没有"和"你 lai 了没有"，都一样，分不清。有一年在南京东南大学暑期学校上了张士一先生的英语教学法课，才知道怎样分清 light 和 night。张先生叫大家记得发［l］和［n］的声音，都要把舌尖顶着上齿龈，发［l］的声音，要让气流从口腔里出来，但是发［n］的声音，气流却从鼻腔出来。只要舌尖放对了，气流的出路对了，就不必担心这两个声音发得不对。这一来，我才懂得。这个笑话说明我那时候教英语一点没有什么研究。另一方面也说明像东南大学当年就有张士一这样的教授注重英语语音，讲求教学方法。在座的同志都是在中小学教英语的老师。中小学生的模仿性是很强的。老师的发音与学生发音准确与否很有关系。我就讲我自己闹的大笑话，害了学生这一件事。我的意思是教师要讲求教学方法，语音教学只是其中一个部分罢了。

各位老师，如果要我对大家说一点希望的话，我只说这么几句。我国的新宪法公布了。现在各处都要讲教育全体人民爱祖国、爱人民、爱劳动等等。我觉得当教师的还得爱学生，爱事业。这两点要注意。哪个老师教得好，哪个老师就能引起学生对将来的期望，对将来的理想。甚至对将来的幻想都可以有。学生清楚得很。孩子是非常可爱的。我记得有一年在北京参加全国政协会议，苏州中学教化学的许楠英老师和我住在一起。她在北京学习和工作的许多门生不忘记这位老师，不断地来电话，要来看她。我就给她接过不少次电话。她的学生，有的是研究生，有的做了研究员；有的头发都白了，还记得这位许老师。这就说明，学生得了哪一位好老师的教导，是终身得益，一辈子也忘不了的。我说学生对于老师的敬仰爱戴，是真挚的，深厚的。学生实实在在可爱。我们做老师的人，如果爱学生，即使学生顽皮，顶嘴，闹别扭，我们都不会生气。我们还会特别想法子来诱导他们走上正轨。所以，爱学生是每一个教师应有的心肠。如果对于孩子，特别是那些爱捣蛋的孩子，看见了心里就讨厌，要想帮助这些孩子走上正轨是不容易的。这几年，拨乱反正，风气变了，重视英语了。重视英语就有益。现在这样好的时机，当英语教师的人要本着爱学生的心肠教英语，就一定能教好英语。

我们要爱自己的职业。不能因为是分配当个教师，只好做教师。只是把它当作分配来的职务，这还不够；要把它当作光荣的革命事业，把教英语当作是终生的事业。现在的中学生中间，将来当英语专家的不会多，但是，这许多学生总有百分之几要向个人的专业方向发展，从小学到中学，从中学到大学，并向研究院迈进。那么，凡是研究一门学问，无论是自然科学，还是社会科学，甚至于中国语言文学，英语都是一个必要的基础。有了这个基础，英文的参考书，就能看了。特别关于科学技术，党很重视。既然英语如此重要，英语这个基础的确要打好。英语教师不要光把英语教学当作一项职务，自己硬是要爱上它，因为英语教学关系到我国的四化建设。我们要把英语当作是促进各门学科，各项事业上升的基础。

老师们有的教学已经多年，取得了很好的成绩。今天聚在一起，交流经验，讨论问题，是件很好的事。我今天来就是祝贺大家成立了这个组织。有了这个组织，可以互通消息。不是把自己的宝贵经验当作祖传秘方，而是把深受学生欢迎的方法相互交流，使得更多的教师教好英语，更多的学生学好英语。祝贺老师们在工作中一年一年做出成绩来，你们的学生将来在各个方面也做出成绩来。这就是成立这个教学研究会的目的。

敬祝同志们工作顺利，身体健康。

1982 年 10 月 16 日

（选自《吴贻芳纪念集》，江苏教育出版社 1987 年版，第 100—101 页）

民进江苏省委员会
基层工作经验交流会开幕词

各位同志：

中国民主促进会江苏省基层工作经验交流会现在开幕。

省委会和各市委会自 1979 年恢复活动到现在已经三年多了。在这期间，国家的政治和经济形势有了进一步的稳定和好转。特别是党的十二大，确定了在新的历史时期的奋斗纲领和实现奋斗纲领的战略步骤，进一步推动了形势的发展，爱国统一战线也出现了生气蓬勃的局面。在这一年比一年好的形势鼓舞下，我会在党的领导下，坚持四项基本原则，遵循"长期共存，互相监督""肝胆相照，荣辱与共"的方针，做了不少工作，取得了一些成绩，扩大了政治影响，组织得到了发展。全省现有成员 810 人，单一支部 56 个，联合基层 31 个。去年 11 月在这里，各民主党派同时召开了为四化建设服务经验交流会，今年在这里各民主党派又同时召开基层工作经验交流会，这也充分说明统一战线的形势在不断地发展，在不断地推动我们前进，要求我会的工作从省、市委深入到基层组织，以充分发挥民主党派的作用。

基层工作在我们的会务活动中应该放在重要的位置上，因为基层组织是我会的基础，是会议的集体组织组成的细胞。它是对会员进行思想政治工作，密切联系群众，团结同志，调动积极因素，完成各项任务的前哨阵地。一个民主党派要发挥重要作用，除掉它的中央、省、市组织以外，主要是依靠基层组织。自会中央和省委会召开组织工作会议以来，我们对基层工作的重要意义逐步提高了认识。各市委会和基层同志在党的领导、关怀与支持下，做了不少工作，也取得了不少好的经验。如：

南京市从会中央广州会议到现在，不断地探索如何做好思想政治工作，把它渗透到各项工作中去，得到了一些启示，在如何发挥代表性成员作用的同时，又注意到面向基层、面向成员，调动一切积极因素方面也积累了一些好的经验。

苏州市委会和文化支部，他们紧紧掌握文艺为工农兵服务的方向，抓住先进典型，支持宣传和学习先进，团结和推动了苏州文艺界同志为社会主义精神文明的建设做出了一定成绩，并从中探索出一些宝贵的经验。

无锡市委会在组织委员和基层干部学习党的方针政策，结合成员业务，请进来，走出去；多方面地开展活动，帮助成员在四化建设中，多做贡献。在推动基层积极投入"文明礼貌月"和"五讲四美"等活动中，也取得了一些好经验。

南通市委会推动基层和成员积极为现代化建设服务，发挥了党的助手作用，扩大了影响，发展的组织，打开了中学发展的局面。

扬州市在配合扬州市政协教育工作组，推动中小学教师认真贯彻党的教育方针，推动基层结合业务开展活动方面取得了一些经验。

省直属支部和小组在党委领导下，克服了一些困难，鼓励成员做好本职工作的同时，著书立说，根据成员特长发挥优势，为党的教育事业多做贡献。各市委会和退休成员支部根据退休成员的特点，组织学习，调动他们为四化建设添砖加瓦的积极性，关心他们的疾苦，帮助他们解决困难，给以组织温暖，让他们愉快地度过了幸福的晚年。

以上这些经验只是初步的，一点一滴的，还不是成熟的、完整的经验。因为基层恢复活动的时间还不长，对于如何开展党派工作的新局面，没有现成的经验。但这些经验是我会基层干部怀着对党的责任心和对组织的热爱，在本职工作繁忙的情况下，主动积极克服了许多困难，付出了许多汗水和心血所取得的。因此，这些经验得来不易，是难能可贵的，是值得我们大家学习的。

为了贯彻十二大精神，在16字方针和"三自"精神指导下，通过总结交流，找出带有规律性的共同经验，认真探索如何开创基层工作新局面；为进一步明确基层工作的重要意义，使我会今后更好地面向基层，面向成员，充分发挥会的作用；为互相学习，取长补短，相互促进，如何提高，把会的工作不断推向前进，这是我们这次交流会的目的和任务。

这次交流会必须以党的十二大精神为指导方针，要坚持全面开创社会主义建设新局面的总方向，在四项基本原则的基础上贯彻"三自"精神，以国家主人公态度振奋精神，实事求是地总结我们的工作经验，讨论研究工作中尚待解决的困难和问题。我省各民主党派同时召开基层工作经验交流会，这是指江苏省有民主党派以来第一次召开这样的会议。希望与会同志充分发扬民主，畅所欲言，各抒己见，共同努力把会开好。

预祝大会成功！同志们身体健康！

1982 年 11 月 9 日

（江苏省民进资料室收藏，内部资料）

加强了解，促进交往

　　党的十二大重申了实行对外开放政策，这就意味着要继续促进我国同世界各国在科学技术、经济贸易和文化教育等各个领域的交往。粉碎"四人帮"以后，特别是十一届三中全会以来的实践已经证明，加强同外国的交往，不仅有助于加快我国实现四个现代化的步伐，而且可以增进我国人民同世界各国人民的友谊，促使各国人民通过互相取长补短共同得到进步。

　　要交往就得加强了解。时代在前进，世界在变化，不单对外国新出现的事物需要了解，就是对外国过去了解过的东西，随着时间的推移，依然有个重新了解的问题。以我自己的感受为例，早年我曾在美国待过较长的时间，解放以前同美国一直有着频繁的交往，但是当我1979年重新到我的母校——美国密执安大学访问时，我发现经过30多年的变迁，美国在各方面都有了很大的变化，有很多新东西需要重新去了解。可见，了解外国这项工作是要不断进行的。

　　《译林》创刊时就提出以"打开窗口，了解世界"为宗旨，这是很有意义的。介绍外国文学作品，特别是介绍外国当代作品，这是了解外国现实社会的一个好方法。《译林》诞生三年多的实践说明：它在帮助读者了解外国社会文化、生活习惯和风土人情等方面是有成效的，是受到读者欢迎的。当然也要注意到，外国文学作品当中精华与糟粕并存，因此不能盲目地加以介绍。我们要根据党的十二大提出的建设高度的社会主义精神文明的要求，注意鉴别和选择，力求把健康的、有借鉴价值的作品介绍给读者。希望《译林》在这方面做出更大的贡献。

在《译林》上发表译作的有许多新人，听说中青年占多数，这种热情扶植年轻译者的做法应该坚持下去，并预祝有更多的年轻人，在翻译事业中取得新的成就。

（原载于《译林》1983 年第 1 期）

着眼基础，面向未来，
全社会都来关心和培育祖国的幼苗

　　江苏《幼儿教育》杂志出版了。这是我省幼儿教育战线上值得庆贺的一件大喜事。有了这个刊物，不仅广大幼儿教育工作者可以交流工作经验，探讨和研究幼儿教育问题，提高幼教工作水平；而且还可以在一般家长中普及幼儿教育知识，改善家庭教育状况。这个刊物一定会受到读者的欢迎。

　　幼儿教育是整个社会主义教育事业的组成部分。它在教育体系中占有重要的位置。我们必须重视它，关心它。幼儿时期是一个人健康成长的奠基时期。这个时期如果能受到良好的教育，对人一生的发展都会带来有利的影响。所以我们必须注意从小培养儿童良好的思想品德和习惯，以便为社会主义现代化建设培养人才打好扎实的基础。这是关系到祖国未来的大事情。近年来，许多国家的幼儿教育事业发展很快。他们重视早期的教育，把它作为智力投资的一部分。拿我们国家的幼教事业来讲，比起解放前已有较大的发展。但我深感到我们国家目前幼教事业无论是从数量上来讲还是从质量上来讲，与客观形势的要求还有差距，不能满足客观的需要。我常听说，孩子们入园难；我们的幼教师资力量也很薄弱。这种状况亟须改变。为了我们社会主义祖国的前途，必须大力培养和提高幼儿师资，办好幼儿教育事业。这个刊物在提高幼教师资水平方面，一定会起积极的作用。

现在很多青年父母不会教育孩子，对孩子非常娇纵，特别是独生子女的父母，太溺爱孩子，把一切好吃的省给孩子，想尽办法打扮孩子，舍不得让孩子做他们力所能及的事。也有的父母管教孩子过于严厉，滥用惩罚。他们不懂儿童心理和教育方法。从这方面来看，家庭教育也是一个薄弱环节。因此，我们除了通过托儿所、幼儿园来对孩子进行正规的、科学的教育（目前还做得很不够）以外，还要在家长中大力宣传早期教育的重要以及幼儿教育的原则和方法，以取得家庭教育的配合，共同教育好下一代。这个刊物在这方面显然也将做出有益的贡献。

我们的教育事业，必须着眼基础，面向未来。我们要动员全社会的力量来关心和培育祖国的幼苗。当前从实际出发，应当尽可能地多办一些幼儿园、托儿所，尽可能地逐步改善幼教工作者的工作条件和生活条件；为了提高幼教师资的质量，要多办一些幼儿师范学校和短期幼儿师资培训班，培养更多的合格的幼儿教师。我们的教育专家们要重视幼儿心理和幼儿教育的研究，以指导幼儿教师，提高他们的教育水平。

我希望在江苏《幼儿教育》这块园地上，开放出绚丽多彩的幼儿教育的理论和实践之花，让我们祖国的幼教事业按照幼儿教育规律，健康地蓬勃地发展。

（原载于《幼儿教育》1983 年 5 月创刊号）

金女大四十年①

　　金女大成立于 1913 年，经历了旧中国半封建、半殖民地的最后阶段。中华人民共和国成立后不久进行院系调整，至今已 30 年（指 1952 年至 1982 年）。在金女大原址开办了南京师范学院，我被推举为该院的名誉院长。

　　我是金女大第一届毕业生，并作为首任中国校长执掌校务 23 年。我素来不做文章，这篇简史只能不加评论地叙述一些事实，由校友朱绮同志协助整理编写，得以完成。

　　本篇所记事实可能与实际有出入，欢迎校友们帮助纠正和补充，并向提供材料的校友们致谢。

一、校史简述

1. 创办经过

　　辛亥革命后，英美各教会在中国办的学校激增，美国浸礼会、监理会、美以美会（监理会和美以美会后合并为卫理公会）、长老会、基督

---

　　① 原名金陵女子大学，1930 年在国民党政府教育部立案时，改名为金陵女子文理学院。

会等教会所办女子中学的校长，于1911年冬在上海召开会议，商讨在长江流域创立一所女子大学。

1916年，美国马萨诸塞州史密斯女子大学与金女大结为姐妹学校。该校于1923年又成立了"支援金陵女子大学校友会"，每年捐赠经费。

到1923年至1924年，又有圣公会、伦敦会和复初会等教会参加，使这所大学得到了更多的支持者。

南京古称"金陵"，所以校名定为"金陵女子大学"。

1913年11月13日，校董会选德本康夫人①为校长，并在南京绣花巷租到合肥李氏的大宅院作为临时校址。这处大宅共有一百多个房间，足够教室、宿舍、办公室、实验室、图书馆、大礼堂等等之用。室外还有很大的花园菜地，可以建立运动场等。

2. 初创时期（1915—1923）

1915年9月17日，金女大在南京绣花巷开学了。第一学期只有11个学生，来自南京、镇江、上海、九江，宁波五个城市，读完大学一年级的只有九个。在这些学生中，除一人外，入学前都教过书，教学时间少的一年，多的七年。她们知道自己是我国第一代的女大学生，所以都认真读书，渴望求得学问，不需要教师督促，在考试时不必教师监考，从不作弊。当时学校里教师少，图书馆里书籍少，有些学生思想中产生了疑问：难道这也算是大学吗？再一想，越是条件差，越要发奋读书，才能学到真正有用的知识。

当时教职员只有六人，其中美籍者四人，中国籍者二人。她们第一次在中国办女子大学，竭力想把这个学校办得符合大学的要求和教会的宗旨。她们所能做到的就是按照英美大学的标准办学，因此选用的都是英美大学中的教科书，如一年级的英国史用了英国大学的课本，以致有

---

① 德本康夫人：Mrs. Laurence Thurston。

些英文程度较差的学生读这一课程困难很大。

1917 年教师人数多了几位。理科有了化学教师蔡路得博士①和生物学教师黎富思博士②。文科有了宗教课教师芮伯格③和英文文学教师薛浦来④等。校务方面有了专职管理教务和注册工作的宫特拉赫⑤等。

1918 年已招四届新生，四个年级共有学生 52 人。

1919 年第一届毕业生共五人，她们是最早在中国的女子大学里获得学士学位的。

当时教会大学大部分在国外注册，毕业生可以不经考试直接进入国外有关大学研究院深造并获得学位。

1919 年，设在美国纽约的金陵大学托事部内的金陵女子大学托事部，也获得了美国纽约州立大学对金女大学士学位的认可。在金女大获得学士学位的毕业生，可以直接进美国大学的研究院攻读硕士学位。但规定虽然是这样规定了，有些美国大学研究院不了解金女大毕业生的水平，还有怀疑。如芝加哥大学直到金女大 1921 年毕业生严彩韵去该校暑期学校选读三门课，每门成绩都是 "A" 以后，才信服金女大毕业生的水平，同意接受她们进研究院。

金女大最早的四届毕业生共 33 人，赴美深造获硕士、博士、医学博士学位者有 20 人。

3. 发展时期（1923—1937）

（1）永久校址

美国教会为在中国、日本、印度的七所由教会设立的女子大学筹募建筑经费。1919 年夏季德本康夫人去美国参加筹集建立永久校址的基

---

① 蔡路得：Dr. Ruth M. Chester。
② 黎富思：Dr. Cora Reeves。
③ 芮伯格：Miss Rivenberg。
④ 薛浦来：Miss Mary Shiply。
⑤ 宫特拉赫：Miss Gundlach。

金，从这笔经费中获得了 60 万美元。从 1916 年起到 1923 年，经过请建筑师茂斐设计、施工，在 160 多亩的校址上建成了第一批新校舍，有三栋教学楼，就是接待厅和室内运动场（是史密斯女子大学捐款五万美元建造的）、自然科学楼、教室兼行政楼；还有三栋宿舍楼。1924 年又建成一栋宿舍楼。1934 年建成图书馆和大礼堂。这些大楼以广阔草坪为中心，都是大屋顶宫殿式，各栋之间还有朱红漆走廊相连接，具有传统的中国建筑风格。

1936 年宋蔼龄、宋庆龄、宋美龄三姐妹捐赠的附中宿舍和校友严彩韵姐妹捐赠的小医院也相继落成。

（2）师生增多

1925 年秋，女青年会全国协会的体育专修学校并入金女大。该校的全部教师和二年级学生 16 人，还有设备，都从上海迁来，并且提供经费五年，每年 5 000 元。

在这时期中，学生人数虽然有时受战乱影响而有增减，但总的趋势是逐渐增加，1926 年秋季有学生 152 人。1935 年有毕业生 47 人。1937 年有毕业生 48 人。从 1919 年到 1937 年共有毕业生 338 人。这时期的学生来自教会中学和公立及私立中学的约各占一半。

教师人数也有增加。生物教师有惠特默女士①，实验附中有刘恩兰女士来任主任，宗教教师有师以法女士②，中文教师有刘麟生、陈中凡、缪镇藩先生。还有好几位外国教授来华度假兼讲学。如美国密执安大学音乐学院的芮德夫人③利用一年假期来校教授钢琴，并举行钢琴演奏会，帮助好几位钢琴专业学生改进了技艺。在这时期中，中国教师人数已占教师总数的 70%。当时还曾请金陵大学和东南大学教师来校兼

---

① 惠特默：Miss Harriet Whitmer。
② 师以法：Miss Eva Spicer。
③ 芮德夫人：Mrs. Rhead。

课，使所开课程范围更广。

（3）改组和立案

国共第一次合作，北伐成功后，掀起了收回教育权的斗争。金女大改组了校董会，使中国人在校董中占 2/3，并改选牛徐亦蓁夫人为校董会主席。德本康夫人辞去校长职务，改任教师兼顾问。校董会又改选我为校长。牛徐亦蓁夫人和我都是 1919 年金女大的第一届毕业生。

金女大向国民党政府的教育部办理立案手续，于 1930 年 12 月完成。教育部批准了以下办学宗旨：

"校董会在南京设立这所女子高等学院，旨在按最高的教育效率来促进社会福利及公民的崇高理想，培养高尚人格，以期符合创办人的宗旨。"

当时蒋介石的国民党政府早已投靠帝国主义，所以对办学宗旨中"以期符合创办人的宗旨"自然是完全接受的。美国教会在中国办学的宗旨，通过 30 年的实践已为人们所熟知。

按规定，高等院校有三个学院才可以称为"大学"。金女大只有文、理两个学院，因此改名为"金陵女子文理学院"。

（4）经费来源

学校有了发展，学生人数增多，这时期教会学校所收费用又较高，所以学生学杂费、膳费在整个学校收入中仅次于美国创办人委员会捐款。国民党政府则仅补助三位教授的讲座费。从 1937 年预算①中可以看到以下情况：

教育部讲座费	12 000 元
基金利息	15 346 元

---

① 1937 年预算：这个预算是从档案馆找到的，没有支出细目。教育部所发的是给陈中凡、龙冠海等三位教授的讲座费，每人每年 4000 元。膳费收入全部用于学生伙食，一般是不放在教育经费内的。学校伙食在当时各学校中为最好。

他种捐款及临时捐款	23 443 元
学生缴费(学费、实验费、膳费、杂费等)	58 600 元
美各教会及史密斯女子大学捐款	63 190 元
总计	1 729 579 元

当时学校费用与国民党办的国立大学比较，是十分节俭的。

4. 抗日战争时期（1937—1945）

1937 年 7 月，日本帝国主义开始全面侵略我国。沪宁、沪杭线上的学校都无法按时开学。日本飞机从 8 月 15 日起每日轰炸南京，持续近四个月。我与各方面商议后，决定迁校。

当时选择了三个师生比较集中而又便于与其他教会大学联系的地点，作为办学中心：一个是武昌，是华中大学所在地；一个是上海，师生人数最多，又有圣约翰大学和沪江大学可以合作；第三个是成都，是华西大学所在地，当时师生人数最少。

（1）武昌

武昌这个中心有 35 个学生和张肖松、陈品芝、龙冠海、刘恩兰、陈中凡、苏德兰①等教师。教师在华中大学任教。学生在华中大学选课。华中大学宿舍只能容纳部分师生，所以另一部分在伦敦会的一所空寓所里住宿。这个中心办得时间最短，因为日军侵占南京后，下一个主要目标就是武汉，武昌不能久居。我在南京安排好留守组织，交给华群女士②负责后，1937 年 12 月 3 日就离南京去武昌结束那里的事务，在1938 年 1 月与武昌的师生一同去了成都。

（2）上海

上海这个中心存在时间稍长一些。金女大在上海和附近地区的学生较多，并且有相当数量的四年级学生。这时日军已侵占了上海四周郊

---

① 苏德兰：Miss Sutherland。
② 华群：Miss Minnie Vautrin。

区。市区虽有"租界"这块招牌,已是一个"孤岛"。沪江大学和圣约翰大学已不能在原校址上课。沪江大学用的是原沪江商学院的房子。圣约翰大学在建成后尚未开张的大陆商场租用几间房间。以后杭州之江大学和苏州东吴大学也迁来上海,租用大陆商场的房子上课。金女大在女青年会全国协会借了几间房间。除蔡路得、克馥兰①、陈黄丽明、朱谢文秋、胡惜苍等教师负责教授的课外,学生还在其他四所教会大学里选课。这些大学中只有圣约翰大学有一些实验设备和一个小图书馆。中国科学院当时在上海还有未能迁走的实验室,为了尽量使它们在遭日本帝国主义霸占之前为我国教育服务,他们接受这几所大学学生在那里做实验,并免费使用他们的设备和药品。金女大考虑到已有几所教会大学集中上海,足够这一地区的需要,决定由我于1938年3月28日来上海办理结束事宜,让上海的学生在下列三种方式中任选一种:(a)随学校去成都上学;(b)继续在上海借读;(c)转学到上海其他学校。

后来有五名学生随六位教师去成都;31人仍作为金女大学生在上海几所教会大学借读,直至毕业;其余的转学到圣约翰大学。

(3)成都

我在1937年12月3日离南京去武昌时,正值日寇侵占南京前夕,国民党政府在极为混乱中撤退,只能设法乘坐英商怡和公司的船。这只船为了装运南京博物院古物,迟迟不开。一天里有过七次空袭。每次一听警报,这只船就靠到停在江中的英国军舰旁边去。我目睹英帝国主义的私商船只和军舰在我国的江河中通行无阻;英帝国主义的军舰成了躲避日本帝国主义的凶焰的庇护所;而中国当时国民党政府的首都南京却缺乏防空设备,江边连掩体都没有,江岸上成百上千无法上船的中国人处于毫无保障的情况下,人丛中还堆着许多箱弹药,随时都可能遭日机

---

① 克馥兰:Dr. Florence Kirk。

轰炸，令人触目惊心。我认为这是我一生中最痛苦的经历。所以我去成都后曾认真考虑在华西地区找个半农村环境建校，试行一种使学生在战争环境中能更好地为国家服务的教学方案。可是，第一是在华西中小城镇中找不到适当校舍，又兼西迁后设备不足，不能独立办学；第二是课程若不按当时教育部颁布的执行，学生的学位将不为政府所承认，因此最后还是接受了华西大学的邀请，到成都华西坝办学。

从武昌、上海、香港等地来的学生借华西大学的一些教室上课，后来自建了临时宿舍和小型体育馆。

除原有学生外，学校从 1938 年起招收新生，成为独立的学院。

当时在成都华西坝校园的大学除原有的华西大学外，有金女大、金陵大学、齐鲁大学，以后又来了燕京大学的一部分。华西坝有了五所大学。由于教授不足，各校所开课程允许五大学学生互相选读，各校承认学生读得的学分。

从这个时期起，许多学生的家庭受战争影响，经济不如过去宽裕。金女大采取各种措施帮助经济困难的学生，让她们在课余或假期做些工作，如打字、管图书馆、收发信件、接电话、为体育课钢琴伴奏等，给予报酬。又设立奖学金，发救济物品或补助。学费也较前下降。

5. 抗日战争胜利后

（1）迁回南京

1945 年 8 月，日本帝国主义投降了，举国欢腾。全校师生急切希望尽快回到自己在南京的校园去。可是交通拥挤，原校舍又遭日军严重破坏，需要整理修复，因此一时不能迁回。

后来决定将 1945 年第一学期缩短一些，提前放寒假。寒假时间也适当缩短，第二学期提前开学，到 1946 年 4 月份就开始陆续迁回南京。由陆路回南京的分六批坐卡车到宝鸡，再坐火车经徐州到南京。走水路的动身较晚，到 8 月份才得到船位从重庆沿长江东下。还有少数学生是乘飞机回南京的。水陆两路每批都有教师领队，所以沿途虽然备尝辛苦，却没有遭到意外。

（2）南京校园的遭遇

1937 年 12 月 3 日我离南京去武汉、成都后，南京校内由驻校维持委员会主任华群女士，委员程瑞芳师母、陈斐然先生等负责留守学校，保护设备。

当时美国尚未参战，金女大是美国教会办的，华群女士是美国人，因此校内有条件保护中国妇孺。在日本侵略军侵占南京前几天，就有成千妇孺逃进校园。侵略军进城后，奸淫杀掠了一个多月。金女大大开校门，让惊恐万状的妇女们涌进来。收容妇孺最多时达到万人。华群女士为她们的安全和生活操尽了心。她带领留校小组将学校存粮给她们充饥。日军几次侵入校园，奸淫或抢走妇女。她又日夜巡逻校园，赶走侵入的日本兵。她多次去日本大使馆，对侵略军的强盗行径提出抗议。她又统计难民妇女中失踪了的丈夫、儿孙，一次又一次地向日本大使馆交涉。日本兵深恨华群女士，曾打她的脸颊泄愤。她仍不顾个人的安危劳累，坚持保护这些妇孺。

1938 年 2 月初，南京其他难民营都已结束，但外面仍有危险，所以她仍让不敢回家的妇孺住在校园里。到 3 月中旬还有 3 200 百多名妇孺。她又为那些失去丈夫的贫苦妇女办了职业训练班，学习织毛巾、袜子之类的手艺，使她们能自谋生计。

为避免校舍被日本侵略军霸占，学校留守人员又于 1938 年 9 月办起了一所女子中学，请本校毕业生任教师。这个中学有初中一年级到初中三年级三个班和高中一年级一个班，曾有学生 170 多人。又办了小学和托儿所，共约 100 人。

1941 年发生珍珠港事件，美国对日宣战。1942 年 6 月 19 日校舍被日本侵略军占作南京防卫司令部，校内的中外教职员或失去自由，或被逐出校外，无法保护校中一切了。

（3）修整校舍，添置图书设备

1945 年 8 月 15 日，日本帝国主义投降。当时还在南京的程瑞芳师母等接收了校园。校内外貌还大致保持过去情况，内部损失十分严重。科学仪器、标本、图书、乐器，运动器具、校具、机器等几乎被劫掠一空，房屋内部的墙壁、地板等也受到严重破坏。

为了避免涌入南京名为"接收"实则"劫收"的国民党军队占据校园，这一年 9 月份办了一所实验女中。

蔡路得女士于这一年 12 月设法从成都来到南京，调查学校破坏的具体情况，商定修整校舍和制作校具等计划，并由各系教授拟出需要购置的图书仪器清单，寄交在纽约的托事部订购寄来。

修整添置的经费来源是：纽约托事部的重建基督教大学基金、毕业同学筹募的恢复原校基金。另外，1946 年国民党政府行政院长张群也捐送给教会大学一笔款，供重建之用。

（4）复课

1946 年 9 月，学校在南京原校址复课了。在从内地迁回来的大学中，金女大是复课最早的。当时由于交通拥挤，由水路运来的图书、仪器、校具，都来不及按时运到。从美国购买的实验用品到得更晚。初开学时，在有地板的宿舍里，学生睡在地板上；在没有地板的宿舍里，就睡在帆布床上。有家在南京的住在家里。在复校后的第一年里，师生经历了种种不便，不过大家都精神振奋，因为陷中华民族于深重苦难之中的侵略者终于被赶了出去，大家又能重建学校，使它能更好地为祖国的教育事业服务了。

抗日战争胜利后学生人数增加很快。1946 年第一学期有 332 人。1948 年超过 480 人。1947 年是金女大毕业生人数最多的一年，有 68 人，其中有几个是因战事辍学的三年级学生。

这时教职员也增加很多，其中有来华度假讲学的美籍教授。本校毕业生在美国获得博士学位的也有回母校任教的，如吴懋仪回国后代替蔡路得女士任化学系主任。中文系、社会系、家政系都增加了新教师。

6. 迎接解放

国共和谈决裂后，解放战争节节胜利，淮海战役展开了。当时有人主张将学校迁往台湾。我坚决反对，认为中国共产党是要保护学校的，中国人民解放军也是秋毫不犯的，就决定学校仍留在南京，迎接解放。

1949 年 4 月 23 日南京解放。这一天，金女大学生去新街口欢迎中国人民解放军。学校工作仍然照常进行。

1950 年春季开学后，全南京市各大学师生都参加学习《社会发展史》一个月，开始接触历史唯物主义思想。

1950 年 12 月 30 日，美国政府突然宣布冻结中国在美国的资金，并停止美元汇来中国。金女大当下就面临主要经济来源断绝的危险。其他由美国教会办的大学也是一样。中央人民政府教育部立即发出指示：教会大学如果由中国的教会供给自筹的经费，可以继续办下去，否则中央人民政府将提供经费，改为公办。

1951 年 1 月各教会大学校长在教育部开会，决定接受中央人民政府经费，改为公办。金女大当时还有结余经费，可以维持一个学期，但是教师不足，不能维持独立的学校，所以到秋季与金陵大学合并成为公立金陵大学，设校务委员会，由李方训任主任委员，我任副主任委员。

1952 年初，进行了"三反五反"运动和思想改造运动。公立金陵大学的教职员都参加了。

1952 年夏季，在中央教育部领导下进行了全国性的大学院系调整，成立了综合性大学和分科的学院。南京设立了综合性大学一所，即南京大学，用的是原金陵大学校址。又设了好几所分科学院，如南京工学院、农学院、医学院、师范学院等。南京师范学院设在原金女大校址。

二、教学制度

1. 系科设置

金女大在初创时期只分文、理两科。1925 年后才有主修、辅修系科。学生可以选一个主修系，一个辅修系。这个制度一直实行到 1939 年，才按当时教育部的要求，取消辅修系，只有主修系。文科主修系有中文、外语、历史、社会学，音乐、体育、哲学等。理科主修系有生物学、化学、数学、物理、地理、家政、医预科和护预科等。毕业生最多的是社会学系，次多的有生物、化学、历史、家政、体育、音乐等系。

教育学是全校学生的必修课，体现了学校的师范学院性质。可是教育系却只作辅修系，不作主修系，因为学校认为，学生毕业后如果担任教学工作，应当懂得教育学，具备正确的教学方法；但更重要的是能够掌握所教的知识。校内附设有一所实验中学，作为学生在毕业前的教学实习场所。这一设施使学校更具备师范学院的条件。

体育方面除四年制的体育系外，还有二年制的体育专修科。又曾为培养小学体育教师举办简易进修班一年，共培养高、中、初级体育师资150 多人。

医预科和护预科是与北京协和医学院合作设立的。主修医预科的学生必须读完协和医学院所规定的预科课程，同时顾到金女大必修的课程。读完三年的学生考入协和医学院，毕业时获医学博士和金女大学士学位。在金女大读完二年半护预科的学生，考入协和高级护士学校，毕业后如再回金女大读完大学的必修课程，可以获得本校的学士学位。

1940 年在四川省教育厅建议下设家政系。家政系分儿童福利、营养、应用艺术三个组，课程有儿童发展、儿童健康、托儿所管理、普通心理学、营养学、膳食与疾病、烹饪学、应用艺术、生理学等，所以属于理科。家政系毕业生多在医院任营养师或在托儿所、幼儿园、中小学工作。

金女大也曾有过"因人设课"现象，如1933至1935年曾设政治系，毕业生只有三人。

2. 学分制

金女大对学业成绩实行学分制。在30年代有一段时间还执行积点制①，就是说某门课程得60分算及格，但得不到积点。积点的标准是根据各门课的学分多少和考试分数多少而定，学生毕业时除学分达到规定数目外，积点也必须达到要求。这个规定说明学校对学生成绩要求是较严格的。

学分制还允许经济有困难的学生读了一个阶段后，离校工作一个时期，积一些钱，再来读满所要求的学分，不会因离校而失去学籍。成绩优良者在读好必修课程之余，还可以选读其他课程。许多毕业生毕业时学分总数往往超过规定。

3. 毕业论文

从1935年开始，毕业班学生必须写毕业论文。学生读满应读的学分，成绩总平均达到70分，才能在本主修系论文指导教师指导下，在四年级第一学期选定题目，通过专题研究、社会实践或科学实验，写出毕业论文。论文必须是个人自己的创作，不得抄袭他人的论著。到第二学期的第二星期交初稿，第八星期交正式稿，经系主任签字通过，认为已达到毕业要求，才能获得毕业文凭，接受学士学位。

4. 学业上的特点

金女大在学业方面有一个相当突出的特点，就是知识面广。文科学生一定要选读一定学分的理科课程。一年级课程全部是必修的。四年大学的必修课程除主修、辅修者外，还有中文、英文、中国历史、教育

---

① 积点制：point system。

学、心理学、音乐、美术概论等，使学生在各方面都有一定的知识。

第二是重视基础知识，有利于继续深造。金女大医预科和护预科学生去考协和医学院和协和高级护士学校，没有不录取的；入学后基础一般都较扎实，所以能够愉快地胜任继续学习。

重视外语教学也是一个特点。一、二年级必修英语，在二年级读完后举行一次英语概括考试，测验学生对英语的理解和运用能力。测验及格才准升入三年级，主修或辅修英语者免试英语。如果测验不及格，必须在三年级补读一年英语，再参加概括考试，如果仍不及格，就须自动退学。在普通英语课中，每学期必须读若干本英语小说名著。英语系四年级学生的作文，教师批改后还个别辅导，十分认真。学生平时读、写、听、说英语的机会较多。除中文外，教师讲课多用英语，参考书也以英语者为多。记笔记、答考题、写报告也多用英语。每学期都有英语演讲会、辩论会，还上演英语剧。英语系还举行用英语讨论的英语文学座谈会。所以凡是金女大毕业生，不论主修哪一系，都具有一定的英语水平。但部分英语基础较差的学生却感到负担过重。

教师上课多不用课本，要求学生记笔记，广泛阅读参考书，写报告，自己解题，以培养学生自学能力。学习中重视实践，如社会系重视课堂教学与社会实践相结合，常常举行社会调查，就某些专题作分析研究。理科的报告与论文须根据实验写出。当时有些中学没有理科实验，学生缺乏理科实验的基础知识，所以理科教师如蔡路得博士，从新生开始上实验课就系统地、有顺序地训练学生独立操作能力。她对实验操作要求十分严格，以培养学生严格对待科学的态度。

5. 学术上的长处和短处

金女大由于教学有一定水平，对学生严格要求，所以在国内外有较好的声誉。曾在金女大任教的穆思曼博士① 1981 年写给我的信中曾说，她认为金女大学生中有许多人对国家、对社会有强烈的献身精神，希望学得有用的知识，毕业后能为当时苦难中的国家和人民服务。毕业生质量是高的，去国外深造的常得好评。

曾任社会系主任的龙冠海博士也曾说，有几个社会系学生的毕业论文，即使作为硕士论文也够条件。

但是金女大对科学研究工作开展不够，科学仪器设备不够完善。由于教师不足，专业教学的广度和深度都不够。培养学生的创见能力注意不够。学校对通过独立探索写得颇好的论文没有进行表扬鼓励。学校没有办过专门的学术性刊物，所以有些教授的著作只得在校外各类刊物上发表。教师中的特殊贡献，或者说他们学术上的成就，也没有提出来让大家都了解研究。如化学系主任吴懋仪教授在哈佛大学的博士论文是有特色的。解放后，教育部委托她写高师有机化学教科书，她独立写成上册，得到很高评价，被认为可作综合性大学教材。可惜她患了帕金逊症，不幸逝世，未能完成下册。

6. 毕业生情况

据曾任金女大注册员的鲍富年留下的一份毕业生统计表，从 1919 年到 1951 年夏季，金女大共有大学毕业生近 900 人，另有体育专修科 73 人，体育简易科 30 人，托儿工作专修科十人（见附表）。

据 1947 年校友会统计，从 1919 到 1947 年的 29 届毕业生中，从事教育工作者占 34.4%，社会服务事业者 12.8%，继续深造与从事研究工作者 9.7%，医师护士 4.7%，家务 20%，其他 18.4%。

金女大毕业生虽然不算多，但在当时大学女毕业生还不多的情况下，她们在我国妇女界高级知识分子中占有一定比重，其中有相当一部

---

① 穆思曼：Dr. Mereb Mossman。

附表：

金陵女子文理学院毕业生系科人数统计表

级别	文科	理科	中国语文	英国语文	外国语文	历史	社会学	经济	政治	哲学	宗教	音乐	社会学及社会工作	体育	数理	数学	物理	化学	生物	地理	家政	医预科	护预科	小计	简易科 体育	专修科 体育	专修科 托儿工作	合计
														（本科）											（简易科）	（专修科）		
1919	2	3																						5				5
1920	3	5																						8				8
1921	4	6																						10				10
1922	4	6																						10				10
1923	4	6																						10				10
1924	5	5																						10				10
1925	10	5																						15				15
1926	13	7																						20				20
1927						1	2							3	3			1	4			2		18				18
1928						3	5							2	3			1	6					21				21
1929				2		1	6				1	1		5	2			1	5			2		26				26
1930			3			1	3			1				2	2			1	5			2	3	19	30			49
1931				2		2	3	1		4				4				1	5					18				18
1932			2	2		3	5	1		2		1		3	2			2	2			2		26		8		34
1933			1	5		3	8	5	1			2		2		2		4	5			2		36				36
1934			1	3		1	5	4	1	1		2		2		4		4	4				3	29		3		32
1935			2	2		2	8	3	1	1		1		1		2		4	5			2	1	33		14		47
1936			4	4		2	6	1		1				3				6	2	2			2	34				34
1937			5	2		4	6					3		7			2	6	5	1		2	6	42		6		48
1938			3			1	5					1		2			1	4	6	4				35				35
1939			2			2	12					3		3	1			2	3	3				37				37
1940			2	1			3					4		2		1		2						15		2		17
1941			2	7		1	2			2		3		1				5	3					23		4		27
1942			1		3	2	3					1		3	2			1	1	2	4		1	27				27
1943			3		4	5	8					3		1				2	4		7			34		3		37
1944			2		8	2	11					1		2	2			3			2			39		3		42
1945			4		1	1	10					3						6	2	2	6			31		3		34
1946			2		3	4	19					6		1				2	3		4		1	37		4		41
1947			5		5	9	23					4						7	3	1	12			68				68
1948					5	7	19					2		1				2	3	4	7			56		7		63
1949			1		1	3	8					5						3	2		4			22		7		29
1950			2		5	2							10					3	2	1	3	1	1	36				36
1951					2	2							14					4			5			37		9	10	56
合计	45	43	47	32	38	63	179	14	3	12	1	50	24	52	18	10	3	71	75	20	54	16	17	887	30	73	10	1000

分在我国的教育工作、科技工作及其他领域有一定贡献。新中国成立后，经过国家的培养教育，她们的思想觉悟都有不同程度的提高，她们的所学业务和能力才得到自由发展的机会。目前她们中多数人都能为人民、为社会主义祖国的四化贡献力量。据最近校友会极不完全的调查，本校毕业生有不少正在从事下列各方面的工作。由于统计还不全面，下面只能提出一部分来举例，还有许多校友的成就不及一一列举。

（1）教育：有高等院校的院长、系主任、副主任、教授、副教授、讲师；中等学校校长、教导主任、教研室主任、教师；幼儿园、托儿所主任、教养员。如黄文奥、鲍贤琨等校友，毕业后从事托幼工作至今，获得了特级教师称号。还有一些校友在退休后又被聘为高等院校或出国人员训练班英语教师，或在家为青年学生个别补习英语及其他课程。在这个岗位上工作比较突出的有1938年毕业的校友宋彬，现任上海华东化工学院副教授。她对教学基础课有丰富的教学经验，对青年教师的"传、帮、带"热情积极负责，曾两次被评为该学院先进工作者，又曾被评为该学院"三八"红旗手、上海市"三八"红旗手和全国"三八"红旗手各一次。又如1939年毕业的校友朱瑞珠，曾任上海北虹中学支部书记兼校长多年，1959年曾被评为上海市妇女社会主义建设积极分子，1960年被评为上海市教育系统先进工作者及全国"三八"红旗手，1962年、1964年、1966年都曾被评为上海市虹口区及上海市先进工作者，1974年退休，1976年粉碎"四人帮"后，又重新被任命为上海市北虹中学校长，1978年被评为上海市"三八"红旗手。1980年曾参加上海市教育局教育科研所的筹备工作，现任上海市虹口区政协常委、上海教育出版社特约编审。

（2）科技：有国家海洋局顾问刘恩兰（详见后"有影响的中外教学人员"一节内），中国科学院各研究所研究员、副研究员、工程师、工厂的工程师等。在这个岗位上比较突出的除刘恩兰外，还有1935至

1937 年曾在金女大肄业的曾弥白，现任中国科学院上海细胞生物研究所研究员。她从事发育生物学和超显微结构方面的科学研究，发表过论文 20 多篇，近年曾参加中国女科学家代表团去日本东京大学，任团长，作了有关胚胎发育的学术报告，还参加日本妇女座谈会多次；又去过斯里兰卡，参加该国的科学年会；去西德参加国际细胞生物学会；又去印度等国参加国际学术会议和发育生物学讨论会，参加这次会议的中国代表只有两位，她是其中之一，作了多次学术报告。她现在是上海市第七届人民代表大会代表。

（3）医护：有医学院、医院的院长、科主任、主治医师、营养师；护士学校校长，教师；制药厂、食品厂检验员、工程师。

（4）文艺：有戏剧电影工作者，乐队指挥和独唱、独奏演员。如 1947 年毕业的校友高思聪，曾在美国获音乐艺术硕士，任上海音乐学院声乐系副教授，写过声乐理论教材，译有《论学习歌唱》一书出版。1950 年毕业的校友孙家馨，是著名的花腔女高音，现在中央乐团工作。1947 至 1949 年曾在金女大肄业的郑小瑛，后在中央音乐学院指挥系毕业，又去莫斯科音乐学院进修歌剧、交响乐指挥专业，现在是国内著名的女指挥。她在中央歌剧院曾指挥过《茶花女》《卡门》等歌剧，多次举行歌剧、交响乐音乐会，1980 年曾被文化部和全国妇联选为"三八"红旗手，1981 年在中直系统会演中获优秀指挥一等奖。

（5）政府和群众团体各级干部：有各级教育行政部门、全国妇联、对外友协、政协、民主党派和宗教团体等方面的干部。女青年会全国协会总干事邓裕志，是 1926 年毕业的校友。

金女大从创办到解放前，祖国正处在内忧外患之中，所以各阶段都有学生参加革命，如校友朱仲止，原名朱穆慈，1926 年在金女大毕业后即参加革命，1927 至 1930 年在莫斯科中国共产主义劳动大学学习，做过多年地下工作，1937 至 1945 年在延安陕北公学任秘书长，后来任八路军总部外语学校英语系班主任，1961 至 1966 年任全国科协对外联络委员会秘书、国际部第三副部长，现在是全国政协委员。以后在抗日战争和解放战争时期，都有几位校友先后参加革命，至今仍在各级政府机关或群众团体中参加领导工作，这里就不一一列举了。

我在 1979 年到美国纽约不久，就遇到好几位几十年未见的老同学。其中之一是 1921 年毕业的严彩韵（吴宪夫人）。严女士已 80 高龄，还每周两天到一所医院做新陈代谢研究。她虽已退休，但对自己的专业仍不断进行研究。吴宪去世多年后，她为吴宪遗著《营养的原理》编写续篇，里面记载了许多最近的发明。

还有一位郁采繁医生，是 1932 年毕业后去北京协和医学院学医的，由于她成绩优异，毕业后留在协和医院当医生。几年后应当转为住院医生，但是协和医院说从来没有女的住院医生，不给她转。郁医生根据几年来的成绩据理力争，终于成为协和医院第一位女住院医师。郁医生现在是纽约著名医治"大腿病"的专家。

还有一位 1942 年毕业的熊菊贞博士，从纽海纹途经纽约，特地停下来看我。她专攻病毒学，写过不少论文，是耶鲁大学医学院教授。该校只有两位女教授，她是其中之一。这是中国妇女界的荣誉。

胡秀英博士是一位身在海外，心怀祖国的校友。她是 1933 年毕业的，曾任哈佛大学植物园植物分类学教授；现已退休，曾被香港中文大学聘请普查香港的植物，两年前曾回国在成都、兰州、东北、南京、广州讲学。有一位美国植物学家曾收集了几乎全部中国植物标本。经胡秀英与我国中央植物园联系，这位美国人把全部标本捐赠我国，早已运到。

三、体育和保健

1. 体育

金女大十分重视体育，而且把注意力放在普遍提高学生体质这一点上。一、二年级每周有四节体育课。三、四年级每周有两节体育课。体育是必修课，不及格者不能毕业。上体育课纪律很严，每个学生必须按教师的要求去做，内容包括各种体育训练，如徒手操，各种田径、球类活动等。体弱的学生可以不参加剧烈的体育活动，另设一班，让她们进行力所能及的活动。

体育教师不仅教体育技术，对学生站立、走路、坐的姿势都很注意。学生的凹胸凸腹、弯腰驼背等不正姿势都需纠正。

课余体育活动很多。每学期都有班级间的球类比赛、民间舞蹈表演等活动。每年冬季来临前要举行一次全校运动会，每年春季要举行一次室内外体育表演。

2. 保健

每年秋季开学时都要进行严格的健康检查。新生检查体格后建立健康档案，由学校保存，定期复查。检查后，对有轻度骨骼问题如平足等的学生，教一套体操来矫正。经检查属于体弱的学生还另加营养伙食，经济困难者由学校补助。

校中有住校专职护士一人，校医每周来校一次，治疗一般病痛，如发现重病及时送往医院治疗。毕业生严彩韵姐妹捐赠的医务室除普通病房外，还有短期隔离病房。抗日战争时期在成都华西大学办的医院，五所大学的师生都可以去就诊。

学校十分重视膳食管理。学生的饭菜有必需的营养，并且在冬季注意保温，不叫学生吃冷饭冷菜。餐具清洁卫生。开水供应充分。

四、学生生活

1. 校训

金女大定校训为"厚生"。这个词源自基督教《圣经》中《约翰福音》十章十节，"我来了，是要叫人得生命，并且得的更丰盛"。这话与耶稣所说"我来不是要人服侍，而是要服侍人"的含意相近。最终目的是"在世上建立上帝之国"。

当时学校用"厚生"作为校训，涵意为：人生的目的，不光是为了自己活着，而是要用自己的智慧和能力来帮助他人和社会，这样不但有益于别人，自己的生命也因之而更丰满。学校用这个为目标来教导学生，并通过学校生活的各方面以潜移默化的方式引导学生向这个方向努力。

2. 学生自治会

1916年校中有了两个班级以后，学生不愿被当时的舍监像管中学生似的管她们，要证明她们自己能够管理自己，经过学校批准，成立了学生自治会。

在宿舍中，学生自治会组织同学自觉遵守各项规定。每晚熄灯后由负责这一宿舍的学生自治会负责人将宿舍大门锁好，查看同学是否都已安静休息。学生各自打扫自己的房间，轮流整理宿舍的交谊室。宿舍里有洗衣设备，学生可以自己洗衣，养成节俭和生活自理的习惯。

学生出入学校要在学生自治会的出入签名簿上签名。晚上要在十时前回校。如因故过了时间才回来，第二天早上要向学生自治会负责人说明。

每学年秋季开学之初有一个"新生入学周"，对新生进行训练。教务处、训导处、总务处、校长室、学生组织等在这几天里分别介绍情况和规则，带新生参观图书室，游览校园，帮助她们了解如何利用图书资料，熟悉环境。

又有"姐妹班"制度。三年级与一年级结成姐妹班。新生住的房间里一定有一个三年级或四年级的"姐姐"同住，便于在各方面照顾她们，使这些新来乍到的"妹妹"能很快习惯新的生活，也使当了"姐姐"的高班学生学会关心照顾别人，培养了学生间互助友爱的精神。

3. 学生女青年会

当时基督教青年会在华活动重点是"社会服务",金女大在创办后第二年就组织了学生女青年会。学生女青年会办有培幼小学,让附近失学儿童来校识字读书,由学生轮流上课,经费也由学生女青年会筹募管理。以后人数逐年增加,由学校女青年会捐款在学校对面建了平房,成立邻里服务处,将这个小学由半日制改为全日制,聘请了专职教师。还设了妇女浴室。又请校医每周去半天为附近的妇女儿童治病。这些为邻里服务的项目,经费都是向全校师生募集的。

暑假期间由女青年会全国协会领导,在风景优美地区举办大学生夏令营,为期约一周,请教会名人演讲,举行座谈,开展文娱活动。

4. 服务工作

学校特别强调为社会服务要见诸行动。在成都和南京都办过乡村服务处。1943 年在成都仁寿县办的乡村服务处有工作人员四人,设有幼儿园,每期收幼儿 60 人;又设有妇女班,分甲乙两班,各三四十人,教识字、唱歌、手工、卫生常识、珠算等。当时曾教妇女在夏布上挑绣中国老式花样作茶巾台布用,寄到国外换取外汇,以为这就帮助她们获得了谋生的职业。哪知珍珠港事件后,这些制品无法出售。这才算略微了解到,妇女职业不是孤立的,与时局有密切关系。

学校迁回南京后,停办了成都仁寿县的服务处。在南京附近的江宁县淳化镇成立了淳化镇乡村服务处。这个服务处训练附近乡村十五六岁的女孩,让她们回自己的村子办农忙托儿所。另外又设立幼儿园。还办了妇女班,教语文、算术、唱歌、缝纫、裁剪等。乡村服务处既为妇孺服务,又为社会系和家政系学生提供了假期实习场所。

抗日战争时期学校又曾与华西大学医学院附设医院合作,在专家程玉麐指导下办了"儿童行为指导所",参加工作者除华西医学院外,本校有社会系助教林志玉和社会系一些高年级学生。这个指导所专为一些有异常表现的儿童（如孤僻、喜怒无常、拒食、多动、遗尿、痉挛、捣乱、逃学、游荡、偷窃、说谎、留级、口吃、迟钝等）诊治。1943 至 1946 年间，来所诊治的儿童中，达到痊愈或显著进步的占 88%，进步的占 10%，只有少数人因受先天影响较大，诊治无效。

5. 集体生活

学生在学校集体生活中常常能获得顾大局、识大体、关心集体、关心他人的教育。早在 1918 年学校还在绣花巷时，一个学生发现厨房的库房失火，库房就在学生宿舍的晒台底下，如果火势蔓延，势必烧毁学生宿舍，所以全体师生奋起救火，立即组织起一条传水线，用各种盆桶传水灭火，终于将火扑灭。事后发现，没有一个学生回宿舍去抢救自己的衣被。

校园由生物学教师指导管理，树木繁茂，绿草如茵，还有小池花圃，景色如画。学生从不攀折花木，毁坏草坪或乱抛果皮纸屑。

图书馆十分安静，学生一进图书馆就自觉把动作放轻，也很少在里面说话，都埋头看书、记笔记、写报告。书架就在座位四周，没有人偷窃、撕毁、污损图书。看完的书都交给管理员，从不自己随意插入书架。

6. 课余活动

学生的课余生活是丰富多彩的，有班级间的球类比赛、歌咏会、音乐会、辩论会等。也曾为救灾举行各种义演。还有话剧表演，有中文的，也有英文的。师生的关系比较亲密。教师常常参加学生的课余活动，有时与学生赛球，她们穿着老式的运动衣，动作迟缓，常常成为学生手下败将；有时还参加文艺节目或话剧演出。1940 年校庆演过一出表现学校开办经过的话剧，我演第一届学生，在台上走出房门时忘了走规定的门，经台旁教师提醒，才慌忙走回原来的地方，再从规定的门走出，观众捧腹大笑。

7. 有影响的中外教学人员

教师的言传身教对学生影响极大。许多校友在回忆当年学校生活对她们后来的生活和工作的影响时，都认为金女大创办以来有几位中外教师和领导人的言传身教给大家留下良好的印象。

德本康夫人是美国传教士，与她的丈夫一同来中国，在长沙湘雅医学院教过书，又做过教会工作。来华两年后她的丈夫病死。1913年金女大校董会因她有多年教学经验，熟悉教育界和教会方面的人士，选她为第一任校长。她为学校创建募集经费和买地施工费了许多精力。她十分赞赏绣花巷临时校址的月洞门、幽径回廊和房屋的形式，所以将永久校址建成中国传统形式。在学校的工作秩序、教学规模等方面的建立上，也有她的贡献。1919年正值她要去美国募集建校经费时，五四运动兴起了，学生要罢课。这一年正是第一届学生要毕业，若因罢课而完不成学业，就不能毕业。她心中发愁：一个没有毕业生的大学又怎么去募捐？但是由于学生坚持，她没有强行制止。1928年她主动辞去校长职务后，将主要精力用于完成教舍建筑，如大礼堂、图书馆和女教师宿舍等，兼任教师，始终勤勤恳恳，不再插手校务。珍珠港事件后，德本康夫人行动曾受日本占领军限制，1943年8月回美国，1958年逝世。

华群女士（1886—1941），1911年不顾亲友劝阻，来我国从事教育事业，她于1919年来金女大任教务主任后，设立实验中学，列教育学为全校必修课，完善了金女大的师范学院规模。她很严肃，但对邻里妇孺十分和蔼关心，对学生极负责，毕业后还关心她们的工作情况，有机会就去听她们讲课，了解她们是不是合格的教师。她在日军迫近南京时毅然自愿留守校园，奋不顾身地保护了上万妇孺，而她自己却心力交瘁，得了精神分裂症，病中还在为自己没有能为苦难者做更多工作而苦恼。她被送回美国后，在1941年5月14日自杀逝世。遗书中说："我如果有两个生命，仍愿为中国人服务。"

在思想上对学生影响较大的，最早有陈中凡先生。他不仅学识渊博，而且在30年代就向学生介绍辩证唯物主义思想。解放以前还有吴组细、刘开荣等教师，思想都比较进岁，对学生起了好的影响。

生物学教师黎富思博士教学善用启发式，用具体实验来说明科学原理。她曾教导学生说，许多人同去参观，有的人看得多，有的人看得少，有的人什么也看不到，所以年轻人要刻苦钻研专业，用心观察事物，使自己有锐利的目光，灵敏的耳朵，丰富的感情，去观察，去听，去感受，看到别人看不到的，听到别人听不懂的，感受到别人感受不到的。

刘恩兰老师是1925年金女大毕业生，1929年去美国克拉克大学专攻自然地理，获硕士学位后，回金女大创办了地理系。1937年底她已得到了英国牛津大学奖学金，为了让在上海借读的地理系学生完成学业，她冒险从武汉经九龙去上海，半年后才去英国。1941年获得牛津大学自然地理博士学位，回国后继续从事地理教学和科研工作。她在教学中重视实践，经常带领学生去野外实习、考察，采集标本，对学生既严格要求，又关怀备至，深受学生爱戴。1953年她服从国家需要，从事我国海洋的开发研究工作。1978年被任命为国家海洋局顾问。

其他因教学认真负责而使学生至今不能忘记的教师还有蔡路得、穆思曼、张芠兰、吴懋仪、潘耀琼等。

学校行政管理向来人数少，费用节约。校内工作人员重视工作效率。这方面的具体情况只有在成都时的记录。1938年在成都的工作人员，院长室只有两个，会计处只有两个，注册处只有一个，图书室只有一个，农村妇幼服务处只有三个。许多教师都身兼数职。如在40年代，蔡路得博士既是教务主任，又兼化学系主任；张芠兰博士既是训导主任，又兼教教育学；院长室只有一位英文秘书和由总务主任闵侠卿先生兼的中文秘书；全校伙食只有一个人管。全校行政管理人员只有十几个人。

8. 导师制

学校实行过导师制。每个学生可以找一位教师当导师。一位导师带八九个至十几个学生，用小组活动或其他方式帮助学生解决学习上、生活上及其他方面的问题。导师制密切了学生与学校的联系。

五、参加校外活动

因受到教会以及家庭出身、社会环境的影响，学生一般都存在着不问政治的倾向，但是学校是不能脱离政治的，历次重大的革命运动仍波及学校。

1919年五四运动兴起了。当时校长德本康夫人与管理学校的其他外籍教师如蔡路得女士等，都属基督教中的社会福音派，比较开明，允许讲授达尔文的进化论，也不强行制止学生参加政治运动，当时学生会作出决议，参加罢课，他们也不得不让学生按她们的全体决议去办。有的学生提议四年级不参加罢课，以免影响毕业，可是四年级学生坚决要与全校同学一致行动。全校学生参加了全南京市大中学联合会，又组织起六个小组，上、下午各工作四小时，除参加示威游行外，还分别进行阅读近代史，编写壁报，写通俗讲稿，上街宣传，组织儿童来校识字唱歌，组织妇女识字班等，对附近的妇女儿童进行爱国宣传。她们这种精神和行动，使教师们也受了感动，曾对学生进行慰问，晚间还表演了节目。两星期后曹汝霖、章宗祥、陆宗舆辞职，学生会认为罢课目的已部分达到，全体议决复课。毕业班学生努力补课，修毕了课程。五位毕业生在简单的毕业典礼上，第一次在中国的女子大学里获得学士学位。

1925年5月30日发生了五卅惨案，日本纱厂的资本家枪杀上海工人领袖顾正红，英国巡捕枪击并逮捕游行示威的工人和学生。南京市也响应罢工、罢课、罢市。金女大学生开始曾分两派，一派主张不参加，一派主张参加，最后学生自治会通过决议，参加南京市21所大中学校组织的学生联合会，和大家一致行动，曾游行到英国大使馆门前示威，并节约每日伙食费，汇给上海学生联合会，支援工人伙食。

1931年九一八事变后，本校学生响应北方大学生号召，参加游行请愿，组织全校师生在星期日分小组到各街道的商店检查日货，并主动将自己的日货衣物交出来，还组织了急救组。本校刘恩兰先生和选读她的课的同学曾举行过一次我国地理展览会，以我国地理各方面的材料来激发同学们的爱国思想，宣传抗日。

1932 年上海"一·二八"事件时，鼓楼医院有些护士害怕战火蔓延，跑回家去。金女大寒假留校的学生自动每日去医院做些力所能及的护理工作，对安定全院人心起了些作用。

1937 年"八一三"事件后，日军飞机轰炸上海租界以外地区。牛徐亦蓁夫人带领一批校友为抢救伤员的医院募款添置被褥及其他用品。有的校友不顾家庭劝阻，坚持去医院服务。当时有 15 万难民涌入上海租界，饥寒交迫。红十字会被服委员会的负责人是金女大校友，还有好几位校友义务参加该会行政管理和其他工作。她们整理分发从香港寄来的旧衣服，以后又缝制棉衣，一天要分发棉衣二千到六七千件。当时金女大在上海各教会大学借读的学生，也由陈黄丽明夫人带领，经常去难民收容所服务。

当时南京校内还有少数学生留着等待开学，也曾几次到下关去，给从上海途经这里的伤兵进行护理及喂稀饭。

还有大批伤兵运到武昌，而武昌的医护人员和医药严重不足，情况极惨。华中大学、金女大及武昌女青年会联合为伤兵服务。伤兵只在武昌留一两天就往南边送，短期内就过了几千人。金女大师生尽力为他们服务，连抬担架之类的事都干。

在成都，金女大从 1937 年迁入华西坝后，与其他大学的联系多了，可以说是第一次敞开了大门。五所大学开始有了进步的学生组织。金女大也有少数进步学生参加了抗日救亡活动，如 1938 年成立了五大学学生的战时服务团，组织和发动五大学学生的抗日救亡活动，具体活动有宣传、义卖、募捐、慰劳去前方抗日的"壮丁"等。义卖所得都当作抗日经费上交。以后又由五大学学生战时服务团倡议组织救护队，号召五大学学生，特别是医科学生报名参加，救护因敌机轰炸而受伤的市民。救护队推选中央大学医学院著名解剖学教授张查理为救护大队队长，中队长也由医科学生担任，由张查理教授和他的助教讲解并表演救护技术，如骨折固定止血、包扎等。在这两个组织中，金女大学生周曼如（中共地下党员）都起了积极作用。特别是1939年6月11日晚上，敌机疯狂轰炸成都，有些居民区几乎夷为平地，学校墙外的一家茶馆也被炸，市民伤亡惨重，救护队员不等空袭警报解除就争先冒生命危险抢救伤员，将他们抬到华西大学的礼堂，帮助华西医学院的师生抢救、护理，还煮稀饭喂伤员吃。被炸的地区有几处起火，为防备敌机看见火光再来空袭，我和几位教师夜里不睡守夜。午夜以后，还步行看望伤员，逐一问候，给大家很大鼓舞。

1946年迁回南京以后，金女大的政治空气一度比较沉闷。1946年美国兵强奸北大女生沈崇事件和1947年"五二〇"事件及浙江大学学生于子三在狱中被杀事件，虽然有其他学校学生来联系，本校学生都没有走出学校去参加。直到1947年下半年，由于学校进步学生的积极活动，在解放战争节节胜利形势下，学生中进步力量有了发展。1948年纪念五四运动期间，本校同学参加了各大专院校演出活报剧活动，揭露当时政府的倒行逆施。到5月22日，纪念"五二〇"一周年营火晚会遭特务破坏，还捉了人。5月23日全市大游行，到鼓楼医院附近与当局谈判。金女大学生参加者有四五十人。当她们列队来到时，引起了热烈的掌声，欢迎她们冲出了象牙之塔。许多有正义感的教师、学生对国民党当局抓人不满，并从事实的教训中觉醒过来。

1949年4月1日，国民党参加国共和谈的代表离南京北上，学生决定出去欢送，要求真和平。我事先已听说国民党在散布共产党要在这一天捣乱的谣言，怕学生出去挨打，就设法劝阻。后来见学生坚持要去，就让她们去了。这天下午发生血案，我亲自去鼓楼医院慰问受伤者。许多过去不问政治的师生也逐渐觉醒，参加了慰问活动。

1949 年 2 月，我请一位教师把《新民主主义论》翻译成英文，在外籍教师晚祷时向她们宣讲，让她们了解中国形势和发展方向。

解放初期美蒋飞机轰炸南京、上海等沿海城市。有人建议在校舍最高处悬挂美国国旗，以免遭到轰炸。我认为这是事关爱国气节的问题，遂断然拒绝。

六、金女大的宗教课及政治情况

金女大在创办初期规定学生必须选读一门宗教课，每天上午必须参加早祷，时间约 20 分钟。1928 年我继任校长后，由于受教会学校教育的影响，想不到改革，只是执行旧的传统，一切宗教性质的活动照常进行。在准备立案的过程中，宗教课才改为选修，每日早祷改为自由参加。不过仍保留一些宗教课程，放在哲学系里。事实上主修宗教专业的人数极少，据注册处记录，主修宗教教育的毕业生只有一人。信教的教师在非教徒的学生中进行传教活动，对不信教的学生，教师从不施加压力，主要是潜移默化。

星期日的宗教仪式是在金陵大学做礼拜，由金陵大学聘请的牧师主持。两校师生自由参加。

解放后，金女大校内的宗教活动没有随着停止，只不过采用了"团契"形式，还想保存基督教的精神。那时期共有三个团契，是自由参加的。参加者教师多于学生。每个团契人数最多时约 20 人左右。

在政治方面，英美基督教是随着帝国主义的侵略来到中国的。帝国主义当然不希望中国走革命的、独立自主的道路。教会的观点也基本相同。金女大学生在前期多来自信教家庭和教会女中，后期也占有一定比例。有些学生的家庭是自由职业者、资本家、地主或政府官吏，生活比较富裕。在这类家庭中，女孩子往往不问政治。这种种因素造成金女大缺乏进步的政治空气。

另一方面，教会大学的兴办也传入了自然科学、资产阶级教育思想和学校制度以及资产阶级的民主思想。金女大的英美籍教师属于基督教中较开明的教派，虽然不希望学生参加政治活动，却没有强行制止。到了立案时期，美籍校长也能主动辞职。1928年学校由中国人领导后，中国教师与当时中国一般知识分子一样，有爱国心、民族尊严感和资产阶级民主思想，却不懂得应当爱怎样的国家。他们对当时国民党政府的法西斯统治不满，却不了解共产党，害怕革命，仍对资产阶级民主抱有幻想。

金女大在成都时期，曾被强迫建立反动党团的筹备组织，但从未发展反动党团人员或进行其他活动。抗日战争一胜利，这两个组织就自动结束。学校领导不为当时统治者卖命，不出卖进步师生。学校里也没有特务学生混入。所以学生与学校领导之间没有敌对关系。再加当时领导学生运动的中共地下党组织极注意团结一切可以团结的人。一些一向不问政治但有爱国心、有正义感的教师终于在事实面前逐步觉醒过来，走上了中国知识分子应走的道路。

金女大的毕业生也是在接受新的思想教育后才明白了什么是人生的真正崇高理想，才能在工作中发挥力量，做出较有价值的贡献。现在她们中最年轻的已经年过半百，但是除个别人外，还能听到，她们中的绝大多数人工作认真负责，与人相处能顾大局，团结互相，不谋私利等好评。金陵桃李晚来香。在伟大的社会主义祖国的四化建设中，她们将继续贡献力量。

1983 年

（选自《吴贻芳纪念集》，江苏教育出版社 1987 年版，第 102—116 页）

幼儿教育也要三个面向

——祝贺《幼儿教育》创刊一周年

《幼儿教育》创刊已一周年了，请允许我向作者、读者、编者表示热烈的祝贺、亲切的慰问。

一年前，我在为创刊号写的一篇短文中希望全社会都来关心幼儿教育。今天，我仍要谈这个问题。教育是实现社会主义现代化建设的基础，幼儿教育更是基础的基础，应当受到人们的重视。我们的现代化建设事业如建高楼，必须把基础工程建设牢固。教育虽已被党的十二大列为国民经济建设的战略重点之一，但是，还没有受到所有人的重视。

有的同志只重视高等教育，不重视普通教育，尤其不重视幼儿教育。高等教育是培养国家建设人才的，应当受到重视。但是人总是要首先接受幼儿教育，再接受小学、中学教育，然后才是高等教育。一个人如果从小就受到良好的幼儿教育和普通教育，他进入高等学校以后，才能成为优秀青年，成长为专门人才。

现在社会上大力提倡"五讲四美"。仔细想想，人们的精神文明是从幼年起逐步形成的，应从幼儿时期就开始注意培养。倘若我们的幼儿教育办得好，小学教育也保质保量地普及了，人们良好的行为、习惯就会从小养成。要是等到养成了不文明、不礼貌的行为习惯再来改正，就要事倍功半了。

去年国庆节，邓小平同志给北京景山学校题词："教育要面向现代化，面向世界，面向未来。"我觉得这句话对各级各类学校都适用，对幼儿教育也是适用的。

幼儿教育要面向现代化。我们的现代化建设包括物质文明建设和精神文明建设。《幼儿园教育纲要》里规定的教育内容与要求，是为现代化的精神文明和物质文明打基础的。我认为必须结合实际，贯彻好《幼儿园教育纲要》，并在工作中发挥创造性，努力做到面向现代化。

幼儿教育要面向世界。当今世界是个科学突飞猛进的世界。其中关于人的研究，也有一定的进展。关于人的科学研究认为，人的幼年是为一生发展打基础的阶段，因此，对早期教育越来越重视。有些国家提前入学年龄，有些国家注意为幼儿园培养合格而又称职的教师，有些国家充实幼儿园的各种现代化设备等。我们今后要发展幼儿教育，大量培养幼儿园教师，为发展幼儿教育事业准备有利条件，在幼儿教育方面缩短与世界上发达国家的差距。

幼儿教育要面向未来。教育事业就是一项面向未来的事业。现在幼儿园的孩子到20世纪末都将走向生活，走上各自的劳动岗位。我们的教育，必须以培养具有共产主义理想的、有社会主义觉悟的、有文化科学技术知识的、有健康强壮身体的劳动者为目标。我们的幼儿教育也应以培养未来的劳动者为目标。

幼儿教育战线的同志们，你们肩负着为社会主义现代化建设打基础的工程，你们的任务很重大，工作很辛苦，职责很崇高。今天，党中央重视教育，也包括了对幼儿教育的重视。列宁曾经把幼儿园比作共产主义事业的幼芽，我们坚信这幼芽是一定会在党中央的关怀下茁壮成长的。同志们，努力啊！

（原载于《幼儿教育》1984 年第 7 期）

在民进江苏省
第三次代表大会开幕式上的讲话

同志们：

民进江苏省第三次代表大会开幕了。我向大会致以热烈的祝贺，向到会同志致以亲切的问候，并通过你们转达我对全体同志的问候。

我今年92岁了，这半年多是在医院度过的。中共江苏省委、省政府、省政协为我创造了极好的条件；为我治疗，安排我疗养；在鼓楼医院医生护士精心地医护下，我已初步恢复了健康，助听器最近已不必用了。我衷心地感谢党中央、邓大姐、康大姐以及省委领导同志对我的热情关怀，感谢为我会工作付出辛勤劳动的同志们，我也要感谢各地民进同志对我的关心和慰问。

在我91岁生日的时候，中共江苏省委公开发表了给我的祝贺信，对我的评价太高，很不敢当，我只能把这封信作为对所有知识分子的鼓舞和鞭策，作为自己在有生之年坚定不移地跟党走，力所能及为四化、为祖国统一做出贡献的巨大力量。同志们，这次代表大会，我虽然不能和同志们一道学习讨论，但我的心是和同志们在一起的。

从省民进第二届代表大会到现在已经有四五年了，这几年正是我国历史伟大的变革时期，各条战线都取得了可喜的成就。我们江苏的工农业建设在全国名列前茅，形势一年好过一年，我每天看报或听护士同志读报，大受鼓舞，真是坐不住了，很早就想出院和大家一道做些工作，可是力不从心，我是感到遗憾的。

江苏民进这几年也有显著的变化。会员出现了新的精神面貌，先进事迹层出不穷；组织面貌发生了很大的变化，原来只有五个市级组织，现在增加到十个，会员由四百多增加到一千多人，超出一倍还多；工作领域也广阔了，不仅面向会员，面向基层，还发展到面向社会，为社会服务，这是和各地党委的领导、全体干部和同志的努力分不开的，我向大家表示衷心的感谢！希望同志们在这次大会上群策群力，认真交流经验，献策献计，为江苏工作打开新局面做出贡献。回去以后，团结全体同志，落实在行动上，以实际行动迎接建国三十五周年。

这次大会还要产生新的委员会，我们各级领导确实也存在老化的情况，新老合作，新老交替势在必行。我们不少老同志为四化、为民进做了很多的贡献，这是人所共知的，但老同志总是要退居二线的。这次需要退居二线的老同志，我们是不会忘记你们的，我向你们致意，表示亲切地慰问。希望你们继续关心会务，为四化做些力所能及的工作，度过幸福的晚年。我也希望新委员会的全体同志同心同德，团结一致，发挥我会的好传统，好作风，为会员做出榜样。

最后祝大会圆满成功，同志们身体健康！

1984 年 7 月

根据录音讲话整理

（江苏省民进资料室收藏，内部资料）

回忆与祝贺

——写在建国三十五周年前夕

　　35 年前的今天，我作为特邀代表出席了中国人民政治协商会议第一届全体会议，兴高采烈地与党和国家领导人一起欢聚在怀仁堂，共商开国大计，畅谈新中国的美好前景，使我真正感受到当家做主的自豪和责任。10 月 1 日那天，代表们荣幸地登上天安门城楼，参加开国大典。站在毛泽东、刘少奇、周恩来、朱德等党和国家领导人身边，望着冉冉升起的第一面五星红旗，聆听毛主席庄严地向全世界宣告："中华人民共和国成立了！中国人民从此站起来了！"我心潮激荡，热泪盈眶，沉浸在广场上数十万军民欢乐的海洋中，旧中国蒙受苦难和屈辱的日子永远过去了，人民获得了翻身解放，祖国历史揭开了新的一页。这是我一生中最幸福，也是最难忘的时刻，如今，每当我想到这些，我的心还是久久不能平静。

　　我的一生，经历了清朝末年、北洋军阀、国民党政府和共产党领导下的新中国这几个不同的历史时期，可以说是这段近代史的见证人。从清王朝末年，到国民党政府，统治者腐败无能，对外屈膝投降，拱手割地赔款，签订卖国条约，从沿海到内地，从内河到海洋，列强魔爪遍及祖国各地，山河破碎，民不聊生，多少志士仁人，前仆后继，奋起救国。我在不到两年时间，接连失去四个亲人，国仇家难，痛不欲生。但我终于决心要活下去，我立志发奋自强，"读书救国"，从杭州弘道女子学堂到金陵女子大学毕业，后又去美国留学。在我担任金女大校长后，我想我终于能以"读书救国"进而实现"教育救国"，用知识与文化，改变国家的贫穷与落后。但严酷的现实使我的"理想"彻底破灭了。日本帝国主义侵略中国，国民党政府屈膝投降，东北、华北相继陷入敌人的魔爪，真是华北之大，放不下一张课桌。不久，南京也危在旦夕，我永远也不会忘记金女大师生撤离南京时的悲惨景象。"国将不国"，还谈得上什么"教育救国"呢！好容易熬到抗战胜利，但内战烽火又起，我亲眼目睹反动派对教育事业的摧残，对"反内战、反饥饿"的爱国学生的屠杀镇压。豺狼当道，报国无门，我怎能助纣为虐？这就是我这个"教育救国"论者拒不担任国民党教育部长的原因。在南京解放前夕，国民党当局给我送来飞机票，劝我去台湾，面临新与旧、光明与黑暗的抉择，我毫不犹豫，我平静地期待着光明的来临。

没有共产党就没有新中国！只有社会主义能够救中国！这是历史给我的教育，也是我几十年生活实践得到的结论。

建国35年了，35年，在人类历史长河中是短暂的一瞬，但祖国面貌已发生天翻地覆的变化。在伟大的中国共产党领导下，依靠各族人民的共同努力，我们的社会主义祖国日益繁荣昌盛。特别是党的十一届三中全会以来，纠正了过去工作中的失误，医治了十年内乱的创伤，建设四化，振兴中华，我们的国家终于又走上了中兴之道。我们的民族已屹立于世界的东方，孙中山先生"以平等待我之民族"的理想已经实现。1979年，我重返母校密执安大学，在美国，所到之处，都受到外国朋友热情的款待，也亲眼看到华侨地位的提高，这和60年前我在美国的情景，是多么明显的对照呀！也是在解放以后，我所毕生从事的教育事业，才得到真正的重视与发展。党和政府给我创造了很好的工作条件，也给了我很高的荣誉，我先后担任南京师范学院副院长，江苏省教育厅厅长和副省长，以及全国妇联副主席、民进中央副主席等职务，只有在新中国，才真正实现了我个人的抱负。

我已是 92 岁的老人，晚年逢盛世，多么叫人欣慰。这半年多来，我身体不好，党和政府为我精心安排治疗和休养，党中央、邓大姐、康大姐和中共江苏省委的领导同志，都非常关心我的健康，或专电慰问，或亲临看望。去年，在我 91 岁生日时，中共江苏省委公开发表了给我的祝贺信，给了我极高的评价，我是愧不敢当的，我只能把这看作是党对所有知识分子的鼓励和鞭策，作为自己有生之年坚定不移跟党走，为四化建设，为祖国统一大业做出绵薄贡献的巨大鼓舞力量。

在欢庆建国三十五周年的时候，我更加怀念台湾和海外的朋友和学生，大海隔不开骨肉情，祖国一定要统一。统一的强大的社会主义祖国万岁！

（原载于《新华日报》1984 年 9 月 27 日）

致江苏省人民政府
关于筹建金陵女子学院的建议

省人民政府：

  为了培养我省四化建设人才，体现高等妇女教育的特色，并通过原金陵女子大学在国外的影响和关系，打通南京师范大学与国外文化科学交流的渠道，我经过长时间以来的反复考虑，建议由南京师范大学增设一个金陵女子学院，性质是隶属南京师范大学的一个学院，公办民助。学制两年或三年。根据适合我省妇女服务社会的需要，设置专业，如：中文、实用外语、营养学、儿童教育、生理心理学等。规模三年后最高达到 200 到 300 人。招生可在南京师范大学每年国家下达的指标计划中安排。以上意见，我已征得南京师范大学校长归鸿同志的赞同。此建议当否请示复。

  附上金陵女子学院筹备组建议名单，以便向国内外金陵女大校友会及其他方面通报信息，争取资助。

吴贻芳

1985 年 5 月 11 日

  （选自钱焕琦、孙国锋著《吴贻芳：厚生育英才》，南京师范大学出版社 2012 年版）

给旅美金女大校友的信^①

同学们：

近年你们常有人回国看我，又带来信，我很感动。我现在身体很好，除了有时还有点咳嗽痰多外，其他没有什么不舒服。可以自己活动，自己吃饭，每天看书看报，一切都很好。医护人员照顾得无微不至，请你们放心。

我对国外校友很怀念。去年朱觉方同学回来，在欢迎大会上的讲话谈到国外校友对金陵校训"厚生"看得很认真，作为行动的准则。你们为中华民族争气，为祖国争光，这是我最大的安慰。希望你们继续为祖国做出贡献。

我们国内校友几十年来也在不同的岗位上奋发努力，为祖国和人民做出了贡献。同学们，每想到这些，我感到快慰。

我们祖国正处在全面进行建设和改革中，发展很快，非常重视人才的培养，关心青少年的教育。希望你们在国外也要关心祖国的发展，为加速祖国建设贡献聪明才智。

---

① 本文根据录音整理。

　　今年秋季11月是金女大建校七十周年，我建议做一件有意义的事，纪念我们的母校。我向政府建议由南京师范大学增设一个金陵女子学院，培养妇女人才。希望你们在双周年会时讨论讨论，大家献计献策。今秋我仅能邀请15位校友归国观光，希望你们能将意见请他们带回来。

　　这次双周年会我虽不能亲来参加，但我的心和你们在一起。望你们在一起好好互相学习，交流工作经验。

　　去年11月校庆时，戈定瑜参加归国观光团回来，我看到她，非常高兴。

　　近年来我们祖国各方面的发展很快。例如长江上游宜昌葛洲坝这个伟大的工程以那么快的速度建成，真是个奇迹，出乎我的想象，希望你们和你们的子女经常回国来看看。

　　祝你们大家工作顺利，心情愉快，身体健康！

吴贻芳

1985 年 5 月 23 日

（选自《吴贻芳纪念集》，江苏教育出版社 1987 年版，第 122 页）

寄语教苑群英①

在第一个教师节来临之际，我预祝教师们节日愉快！

四化急需人才，教师责任重大，能为祖国的繁荣昌盛培育栋梁之材，是很光荣的。桃李满天下是我们教师的幸福和骄傲。

"养不教，父之过；教不严，师之惰。"望我同人不负国家与人民的重望，以高尚的品德，渊博的学识，丰富的经验，努力做好教育工作，为提高全民族的科学文化素质贡献毕生精力。

1985 年 7 月 26 日

（选自《吴贻芳纪念集》，江苏教育出版社 1987 年版，第 123 页）

---

① 《教苑群英》是《江苏工人报》为第一个教师节编写的一本模范教师的经验选。

祝贺与问候

——在民进江苏省暨南京市委会庆祝教师节
大会上的讲话

今天我们大家欢聚一堂，共庆新中国第一个教师节，我感到格外高兴。首先请允许我向全体人民教师致以最热烈的节日祝贺和亲切的问候。

在我们国家，每年都要过几个欢乐的节日：五一国际劳动节、十一国庆节……这次党中央决定恢复并确定九月十日为教师节，足以说明我们党和政府是非常重视教育事业的，是十分关怀全体教师的。尊敬师长是我们中华民族的优良传统，今天我们是社会主义制度，更应该发扬这个好传统，相信通过教师节的活动，将会进一步提高全党全社会对教育工作重要性的认识，提高教师的地位，使全社会形成尊重教师、重视教育的良好风尚。

赵朴初同志曾填过一阕词，对人民教师的作用和辛勤劳动作了形象的描述，我想借此表达我对教师们的慰勉、感激和崇敬之意。"……幼苗茁壮，园丁喜，几人知，平时辛苦。晚眠早起，燥湿寒温荣与悴，都在心头眼底。费尽了千方百计，他日良材承大厦，赖今朝血汗番番滴，光和热，无穷际。"

中共中央《关于教育体制改革的决定》是一个指明教育体制改革的方向，切合我国实际情况的纲领性文件，我们要认真学习，积极献计献策，投身教育改革的实践中去，兢兢业业，为四化大业多出人才，出好人才，做出贡献，不辜负党中央对我们全体教师的期望和关怀。

近年来，我因年老体弱，住院疗养，难得和大家见面，借此机会，向一切一直关怀我的领导和同志问好，并表示由衷的感谢。

最后，让我再一次向到会的同志，向人民教师致以节日的祝贺和亲切的问候。向一直支持我们工作的各单位的领导同志表示感谢！

1985 年 8 月 28 日

（选自《吴贻芳纪念集》，江苏教育出版社 1987 年版，第 124 页）

吴贻芳著述年表

1.《就任金陵女子大学校长致辞》，11 月 3 日发表于就职典礼。

2.《基督教教育之特殊贡献》，《中华基督教教育季刊》第 6 卷第
2 期。

3. "Women Leaders In New China"（《现代中国的女性领袖》），*The Chinese Recorder*。

4.《在学校年终的感想》，《金陵女子文理学院校刊》第 57 期。

5. "Women In The War"（《抗战中的中国女性》），*The Chinese Recorder*，6 月。

6.《有机化学·序》(2 月)，后收录于中国第二历史档案馆编：《中

华民国史档案资料汇编·第五辑》，南京：江苏古籍出版社 1994 年版。

1947 年

7.《华群女士事略》(5 月)，后收录于《吴贻芳纪念集》，江苏教育出版社 1987 年版。

1954 年

8.《对少年儿童工作的希望》，《江苏教育》第 5 期。

1955 年

9.《教师应该对学生全面负责》(5 月)，后收录于《吴贻芳纪念集》，南京：江苏教育出版社 1987 年版。

1956 年

10.《妇女们，为了建设社会主义而努力学习文化》，《新华日报》3 月 8 日。

11.《团结全省中小学教师进一步发挥革命热情和工作积极性为建设社会主义而努力——在江苏省中等学校和初等学校教师代表会议上的报告》，《江苏教育》第 12 期。

12.《目前教育工作的情况和问题》，8 月 20 日在江苏省人大一届四次会议上所作的报告，后收录于《吴贻芳纪念集》，南京：江苏教育出版社 1987 年版。

13.《致函在美留学生》，《大公报》(香港) 10 月，后收录于《吴贻芳纪念集》，南京：江苏教育出版社 1987 年版。

1957 年

14.《总结和推广优秀教师的经验，为积极稳步提高教育质量而奋斗》，《江苏教育》第 1 期。

1958 年

15.《在世界第四届妇女大会上的讲话》(4 月)，后收录于《吴贻芳纪念集》，南京：江苏教育出版社 1987 年版。

1959 年

16.《大家都来学拼音字，说普通话》，《人民日报》4 月 26 日。

17.《让儿童健康地成长》，《江苏教育》第 10 期。

18.《更好地发展社会主义教育事业》，《新华日报》9 月 27 日。

1962 年

19.《提高英语教学质量的几点意见》，《江苏教育》第 3 期。

20.《进一步提高英语教学质量》，《江苏教育》第 12 期。

1973 年

21.《八十生辰感言》(1 月 21 日)，后收录于《吴贻芳纪念集》，南京：江苏教育出版社 1987 年版。

1979 年

22.《给崔可石同学的信》(8 月 13 日)，后收录于《吴贻芳纪念集》，南京：江苏教育出版社 1987 年版。

1980 年

23.《中国民主促进会江苏省第二次会员代表大会开幕词》(3 月 2 日)，江苏省民进资料室收藏，内部资料。

24.《加强青少年政治思想教育刍议》，《民进》7 月号，后收录于《吴贻芳纪念集》，南京：江苏教育出版社 1987 年版。

25.《教育体制的改革一定要注意青年的就业问题》，《人民日报》10 月 4 日。

26.《在金女大上海校友会的讲话》(11 月)，后收录于《吴贻芳纪念集》，南京：江苏教育出版社 1987 年版。

1981 年

27.《爱国爱党爱人民》，《新华日报》6 月，后收录于《吴贻芳纪念集》，南京：江苏教育出版社 1987 年版。

28.《在南师附中建校七十九周年庆祝大会上的讲话》(10 月 1 日)，后收录于《吴贻芳纪念集》，南京：江苏教育出版社 1987 年版。

29.《中国民主促进会江苏省委员会为四化建设服务经验交流会开幕词》(11 月)，江苏省民进资料室收藏，内部资料。

30.《纪念陶行知　学习陶行知——在江苏省陶行知先生诞辰九十周年纪念大会上的讲话》，《江苏教育》第 11 期。

1982 年

31.《为建设高度的精神文明而努力》，《民进》1 月号，后收录于《吴贻芳纪念集》，南京：江苏教育出版社 1987 年版。

32.《祝辞——祝贺南京师范学院改名南京师范大学》(3 月)，后收录于《吴贻芳纪念集》，南京：江苏教育出版社 1987 年版。

33.《给金女大校友的信》(4 月)，后收录于《吴贻芳纪念集》，南京：江苏教育出版社 1987 年版。

34.《爱学生、爱事业、讲求教学方法——在江苏省教育学会中小学外语教学研究会成立大会上的讲话》(10 月 16 日)，后收录于《吴贻芳纪念集》，南京：江苏教育出版社 1987 年版。

35.《民进江苏省委员会基层工作经验交流会开幕词》(11 月 9 日)，江苏省民进资料室收藏，内部资料。

1983 年

36.《加强了解　促进交往》，《译林》第 1 期。

37.《着眼基础，面向未来，全社会都来关心和培育祖国的幼苗》，《幼儿教育》创刊号。

38.《金女大四十年》，7—8 月在校友朱绮协助下撰写，讲述了金女大从 1913 年创办至 1952 年合并的历程，为了能够准确全面地反映这段历史，反复修改并广泛征求校友意见。后收录于《吴贻芳纪念集》，南京：江苏教育出版社 1987 年版。

1984 年

39.《幼儿教育也要三个面向》,《幼儿教育》第 7 期。

40.《在民进江苏省第三次代表大会开幕式上的讲话》(7 月)，江苏省民进资料室收藏，内部资料。

41.《回忆与祝贺》,《新华日报》9 月 27 日。

1985 年

42.《致江苏省人民政府关于筹建金陵女子学院的建议》(5 月 11 日)，后收录于钱焕琦、孙国锋著：《吴贻芳：厚生育英才》，南京：南京师范大学出版社 2012 年版。

43.《给旅美金女大校友的信》(根据录音整理，5 月 23 日)，后收录于《吴贻芳纪念集》，南京：江苏教育出版社 1987 年版。

44.《寄语教苑群英》(7 月 26 日)，后收录于《吴贻芳纪念集》，南京：江苏教育出版社 1987 年版。

45.《祝贺与问候——在民进江苏省暨南京市委会庆祝教师节大会上的讲话》(8 月 28 日)，后收录于《吴贻芳纪念集》，南京：江苏教育出版社 1987 年版。

图书在版编目（CIP）数据

造就女界领袖：吴贻芳教育文选/吴贻芳著；吴贤友选编.
--北京：开明出版社，2023.1
（开明教育书系/蔡达峰主编）
ISBN 978-7-5131-7730-6

Ⅰ.①造⋯ Ⅱ.①吴⋯ ②吴⋯ Ⅲ.①妇女教育–中国–文集
Ⅳ.①G776-53

中国版本图书馆 CIP 数据核字（2022）第 191308 号

出 版 人：陈滨滨
责任编辑：卓　玥　张慧明

造就女界领袖：吴贻芳教育文选
ZAOJIUNÜJIELINGXIU：WUYIFANGJIAOYUWENXUAN

出　　版：开明出版社
　　　　　（北京海淀区西三环北路 25 号　邮编 100089）
印　　刷：保定市中画美凯印刷有限公司
开　　本：710×1000　1/16
印　　张：15
字　　数：194 千字
版　　次：2023 年 1 月第 1 版
印　　次：2023 年 1 月第 1 次印刷
定　　价：50.00 元

印刷、装订质量问题，出版社负责调换。联系电话：（010）88817647